EU QUERIA SER BEZERRA DE MENEZES

Do mesmo autor de:

Paris, setembro de 1793
O Magneto
Alor

MAURO CAMARGO

EU QUERIA SER BEZERRA DE MENEZES

Romance Espírita

LACHÂTRE

Programação visual da capa:
Andrei Polessi

Pintura da capa
Bezerra de Menezes, por
Augusto Rodrigues Duarte (1848-1888)

Instituto Lachâtre
Caixa Postal 164 – CEP 12914-970
Bragança Paulista – SP
Telefone: 11 4063-5354
Site: www.lachatre.org.br
E-mail: editora@lachatre.org.br

2ª edição – Setembro de 2012
Do 2001º ao 7.000º exemplar

Impresso no Brasil
Presita en Brazilo

CIP-Brasil. Catalogação na fonte

Camargo, Mauro Cesar Bruginski, 1962 –

Eu queria ser Bezerra de Menezes / Mauro Camargo – 2ª ed. – Bragança Paulista, SP : Lachâtre, 2012.

ISBN: 978-85-65518-42-0
272 p.

1. Adolfo Bezerra de Menezes Cavalcanti (1831-1900) 2.Espiritismo. 3.Romance espírita. I. Título.

CDD 133.9 CDU 133.7

Nota do autor

Quando a editora aceitou a ideia de um romance em torno da vida de Bezerra de Menezes, misturando ficção e realidade, confesso que fiquei um pouco assustado diante da minha própria ousadia. Como ficcionar sobre um personagem tão carismático, uma estrela tão fulgurante na constelação de espíritos que introduziram o espiritismo no Brasil, e que possui valores e sentimentos que ainda não adquiri? Como fazer dele um personagem dentro de uma ficção e, sendo assim, uma criatura, onde o criador não tem, nem de perto, a altura deste espírito maravilhoso?

Depois de ter proposto o tema, passei muitos dias travado, sem saber para aonde ir, ou por onde começar, e se realmente deveria começar. Foi numa reunião do nosso grupo de estudos e trabalho mediúnico que aproveitei de alguns minutos livres para elevar uma prece a Jesus, na expectativa que os bons espíritos me direcionassem o pensamento e ficasse mais fácil minha decisão. Envolvido pela prece e as boas vibrações do ambiente, senti em minha volta uma energia diferente, e brotou em meu pensamento uma frase: "O que está esperando, homem? Vá em frente, segue seu caminho..." Era como se alguém me dissesse de maneira bastante contemporânea: – Para de enrolação e escreve!

Não sei quem me disse isso e estou longe de dizer que foi o próprio Bezerra o responsável. O que importa é que, desde aquele dia, o romance fluiu com rapidez e facilidade. As ideias se ofereciam em profusão, mesmo eu estando com tantos outros problemas no cotidiano. Na noite em que escrevi os últimos capítulos, a presença destes emissários do bem foi tão intensa que eu tinha a impressão de que poderia abandonar as mãos no teclado que a história continuaria, mesmo eu não tendo nenhum traço de mediunidade mecânica. Ainda não tenho no meu vocabulário as palavras que possam traduzir a emoção que senti com a presença destes irmãos.

O resultado está aí, e agora espero o veredicto dos leitores. Espero, como sempre, trazer a todos um bom entretenimento e, em meio deste, reforçar a necessidade de entendermos a força do perdão em nossas vidas, traço indelével dos meus romances. Também espero ter conseguido espalhar nas páginas a força, a vida, o dinamismo, a energia desse gigante brasileiro, cidadão do universo, a quem conhecemos como Bezerra de Menezes. Existem excelentes obras sobre ele e, de minha parte, gostaria que meu romance estimulasse o público leitor a procurá-las, para conhecerem melhor esse espírito luminoso e sua obra maravilhosa em nosso planeta.

Aproveito para agradecer o carinho e orientação do escritor Jorge Damas Martins, grande biógrafo do meu personagem, que teve a paciência de entender as dificuldades da mente de um ficcionista em aprofundar-se em pesquisas e, por isso, me passou informações preciosas, além de indicações de leitura excelentes, para que eu pudesse compor esta obra. Também quero agradecer o esforço da minha esposa, Grasiela Paiano, que tanto me ajudou nas pesquisas infindáveis durante o trabalho, para que o enredo ficcional não perdesse nunca o traço de realidade.

Introdução

As nuvens acumulavam-se rapidamente, formando uma densa camada cinza-azulada, baixa no céu. Há pouco ainda a lua cheia clareava o caminho de Fábio Augusto e agora, mesmo tendo que apressar o passo para não ser apanhado pela tempestade, pouca coisa enxergava. Em uma situação normal já seria difícil caminhar por uma região desconhecida, assim como estava, era quase impossível. Conseguia perceber o vulto de alguns casebres, tão mal cuidados que duvidava resistirem ao temporal iminente, ou mesmo que fossem habitados. A trilha por onde caminhava ia ficando cada vez mais pesada, porque a região era de chuvas constantes e a lama acumulava-se. Precisava chegar ao seu destino antes da chuva, mas, onde era mesmo o seu destino?

Era necessário parar algumas vezes e esperar o clarão de um raio, para ter certeza de que estava ainda na estrada. Então o temporal desabou, pesando na alma de Fábio como alguma de suas lembranças ruins.

– Vai trabalhar, meu filho, ajude as pessoas... o trabalho cura a alma.

Aceitou o trabalho que lhe propuseram, a pedido de sua mãe. Qualquer coisa era melhor que a loucura para qual caminhava se não ocupasse a mente. Porém, diante da procela que desabava, começava a ficar com dúvidas.

Um clarão mostrou que não havia mais nenhuma trilha à sua frente, porém, a mesma luz também refletiu numa pequena plaqueta pregada a um portão. Então era essa a casa. A coordenação de assistência social já a havia marcado. Falaram que era no final da trilha, só podia ser essa. Ainda bateu na porta com o punho fechado, tentando se proteger o máximo que podia sob o pequeno beiral, mas ninguém atendeu. Bateu mais vezes, nada. Forçou a maçaneta e a porta abriu. Não tinha autorização, porém, não podia mais ficar do lado de fora. A escuridão dentro da casa era total, por isso, tateou a parede até encontrar um vão livre e, encostado nela, escorregou até sentar no chão, molhado, e sentindo muito frio. Com a chuva que caía era pouco provável que o morador da casa chegasse, mas, sem nenhuma luz, não se atrevia a levantar e procurar uma vela, ao menos, pois já havia percebido que na região não havia outra energia.

Haviam falado que o tutelado da assistência social estaria em casa. Que o maior problema dele era exatamente esse: não conseguia se relacionar com as pessoas e pouco trabalhava, preferindo sempre ficar em casa. Logo neste dia, ele não estava. Pelo que Fábio pode perceber, durante as frações de segundos de um raio, a casa era um pouco melhor que as outras pelas quais passara, feita de tijolos e pintada de branco. Nas instruções sobre o tutelado, soubera que era homem de poucas palavras, mas pacífico. Seu grande problema era o passado. Quando teve essa informação, de imediato pensou que seu coordenador havia lhe dado o caso intencionalmente. Ele também lutava contra o passado, sem muito sucesso.

O cheiro dentro da casa era de umidade, que ficava ainda mais penetrante com a chuva que derramava sem cessar. Mas havia outros cheiros: lenha queimada, cinzas, roupa molhada, além de algo mais humano... suor... ou solidão. Sim, solidão. Havia cheiro de solidão naquela casa. Cheiro de janelas que nunca são abertas; cheiro de falta de vontade de viver. Não é bem um cheiro de coisa que exista fisicamente.

Há pouco seu quarto cheirava parecido, embora num local bem melhor. Não fosse por sua mãe, talvez ainda estivesse lá, vivendo sua opção solitária. Foi ela quem insistiu para ele trabalhar. Nos primeiros dias de trabalho na casa de assistência social já se sentira melhor, a ponto de pedir um trabalho externo. Arrependera-se? Não sabia. Sabia que estava molhado e com frio, mas, ao menos, não pensava tanto no passado.

A chuva diminuiu um pouco de intensidade e ele pode ouvir o barulho de algumas goteiras. Antes nem isso conseguia. Pelo menos escolhera um local seco para sentar. Com o tempo seus olhos se adaptaram à escuridão e já podia divisar algumas coisas dentro da casa. Estava numa sala razoavelmente ampla, que deveria servir de cozinha também. Bem na sua frente podia ver um fogão e uma pilha de madeira ao lado. À sua direita havia uma mesa, que lhe atrapalhava a percepção do restante, embora pudesse ver, ainda, duas portas no lado oposto. Ao lado da pilha de lenha parecia haver um amontoado de cobertas, ou algo parecido. Com cuidado, ficou novamente em pé e tirou o grosso casaco, totalmente encharcado, e colocou-o numa das cadeiras que circundavam a mesa. Indo pé por pé, cruzou a pequena extensão da sala/cozinha, até o amontoado de cobertas. Pelo toque, pôde perceber que havia um cobertor grosseiro cobrindo o monte. Para o frio que sentia, era o suficiente, não podia reclamar. Quando o apanhou e jogou sobre os ombros, alguém falou:

– Agora quem vai sentir frio sou eu.

Era uma voz grossa e arranhada, grave, que fez com que Fábio saltasse para trás e batesse com as costas na parede onde estava antes encostado. Então não era somente um monte de cobertores.

– Você me assustou... achei que a casa estava vazia – falou Fábio, tentando se recuperar do susto, mas ainda com o coração aos saltos.

– A casa está vazia, meu amigo. O homem que a habita não consegue enchê-la de nada.

– Desculpe-me – falou Fábio, devolvendo o cobertor – eu estava com frio.

Sem falar nada, o homem levantou e entregou o cobertor a Fábio, depois abriu a portinhola do fogão e assoprou várias vezes as cinzas, que formaram uma breve mancha de fumaça no ar. Soprou até que uma pequena luz vermelha brotasse dentro do fogão. Então ele colocou alguns gravetos e continuou soprando, até que eles começassem a crepitar. Em poucos minutos uma labareda crescia pela chapa aberta do fogão e uma imediata sensação de bem estar alcançou Fábio, que voltou a sentar encostado à parede. A luz do fogo iluminou parcamente o interior da casa e ele pode ver que o homem à sua frente era alto e magro, usava uma roupa escura, calça e casaco pesado e havia colocado um chapéu que quase lhe cobria o rosto. Assim que o fogo ficou forte, ele voltou ao seu local, sentado sobre um amontoado de panos.

– Você é o Venâncio? – perguntou Fábio, mas não obteve resposta. Ficou sem saber o que dizer. Pela descrição, aquele era o dono da casa, obviamente. Fizera a pergunta para começar uma conversa, mas, estava claro que isso não seria tarefa das mais fáceis. Logo entendeu que Venâncio não responderia a perguntas óbvias. Depois de alguns minutos de silêncio, insistiu:

– Posso saber por que é tão vazio dentro da sua casa?

A luz do fogão batia sobre a parte descoberta do rosto de Venâncio. Na verdade, só se podia ver o nariz e as maçãs do rosto, o restante estava encoberto, ou pelo chapéu, ou pela crescida barba negra. O tempo passou novamente, então, quando Fábio já pensava que tinha sido inútil sua vinda até aquele local, Venâncio respondeu:

– Porque Ana Maria não está aqui. Por isso que essa casa é vazia e eu não consigo preenchê-la. Qualquer lugar onde eu esteja sem ela, será um lugar vazio.

A voz áspera de Venâncio contrastava com a delicadeza do que acabara de expressar. A raiz do seu pensamento era poética, porém, bem mais que isso, o que ele acabara de dizer era exatamente o que Fábio sentia. Pior ainda o nome, Ana Maria. O mesmo nome. Os mesmos nomes. Qualquer lugar que ele estivesse sem a possibilidade de vê-la, também seria vazio. Um misto de simpatia e irritação começou a se interpor entre ele e aquele homem de aparência rude, mas de pensamento refinado, que estava do outro lado da sala. E se fossem as mesmas pessoas? Poderia seu coordenador, que sabia da ficha dos dois, ter armado isso? Não, é claro que não. Venâncio parecia ser bem mais velho que ele e Ana Maria era um nome comum. Depois de um longo e necessário silêncio, e achando que já estava refeito do impacto do pensamento de Venâncio, perguntou:

– Quem era Ana Maria?

Outra vez Venâncio não respondeu. Mas agora Fábio já começava a entender. Não havia necessidade de pressa naquele ambiente. Era como se dentro daquela casa houvesse uma nova dimensão temporal, ou mesmo não houvesse tempo, e tentar medi-lo fosse como cair no vácuo da sua inexistência. Por isso esperou, até que ouviu a resposta.

– Você já perdeu alguma coisa na correnteza de um rio rápido?

– Não...

– Então, qualquer dia desses, encontre um rio de águas ligeiras e solte nele alguma coisa que goste bastante... Ana Maria foi com a correnteza de um destino ligeiro e impiedoso. Ela era o tempo e tudo que havia dentro do tempo. Por isso, aqui dentro não há tempo, como imagino que você já deva ter percebido.

– Estou impressionado por seu amor por ela... eu também já amei assim.

Pela primeira vez Venâncio expressou uma reação rápida. Desencostou a cabeça da parede e levantou a aba do chapéu, para melhor olhar para Fábio. No fundo das suas órbitas cavadas era possível ver o brilho do fogo, que já começava a diminuir. Olhos escuros, tristes, mas que carregavam pelo ar, no espaço entre os dois, toda a densidade do desprezo pelo amor expresso por Fábio. “Eu também já amei assim”! Que disparate! Não, não naquele lugar vazio. Quem era ele para supor que podia preencher de alguma maneira a solidão, tão sofridamente imposta àquela casa por Venâncio? Fábio sentiu um profundo desprezo no olhar que recebeu.

– Posso saber o que aconteceu com ela? – perguntou.

– Não – foi a resposta novamente rápida de Venâncio, que voltou a encostar a cabeça na parede e baixar a aba do chapéu.

– Você sabe por que estou aqui?

– A equipe de assistência marcou minha casa – respondeu, depois de alguns minutos. – Você deve ser o bom samaritano.

O silêncio voltou e Fábio achou que não havia mais o que fazer. Fora instruído para vir até Venâncio e conversar, mas não lhe falaram nada do motivo do seu isolamento, além de ter problemas com o passado, o que achara estranho. Porém, logo entendeu o motivo: ele não poderia vir armado de nada para conversar com aquela pessoa de pensamento tão afiado. Qualquer coisa que falasse soaria premeditado e piegas, e realmente o seria. Venâncio precisava de ajuda, mas não estava atrás dela, por isso, essa ajuda não poderia chegar até ele com fórmulas planejadas antes de um contato prévio. Fábio entendeu que não teria capacidade para preencher nem um pouco daquele vazio, sem pensar cuidadosamente, agora que conhecia um pouco, só um pouco, daquela mente. Além do mais, ainda estava com aquele olhar de desprezo atravessado em seu pensamento. O trabalho era uma terapia de ocupação mental para ele, mas isso não diminuía sua também afiada e reconhecida capacidade de pensamento. Não havia mais nada a colher naquele momento, por isso levantou e apanhou seu casado. A chuva tinha passado quase totalmente. Foi até a porta e a abriu. Não houve reação. Venâncio ficou estático. Antes de sair, Fábio falou:

– Eu volto outro dia... mais preparado... Eu vim para conversar com uma pessoa e encontrei duas. Eu esperava encontrar Venâncio, mas encontrei Venâncio e Ana Maria...

Fábio não conseguiu terminar de expressar seu pensamento. Com uma velocidade impressionante, Venâncio saltou de onde estava e o segurou pelo colarinho, jogando-o de encontro à parede e colocando seu rosto muito próximo ao dele. Ficou estupefato com a força daquele homem, que agora o levantava como se fosse um boneco de pano. Então conseguiu ver que Venâncio não era mais velho que ele, pelo contrário, somente a barba em desalinho e a magreza é que passavam essa impressão. Seus olhos negros, neste momento, cintilavam de fúria e suas mãos, mesmo segurando todo o peso de Fábio, tremiam. Muito mais do que com medo, ele estava surpreso, não esperava aquela reação. Era como se Venâncio quebrasse o tempo estático de dentro da casa e isso parecia causar um estrondo, embora tudo estivesse em profundo silêncio após a tempestade. Sua respiração era pesada.

– Quem você pensa que é para pensar que pode vê-la aqui? Quem? Já não bastam esses querubins vestidos de branco querendo brincar de anjo? Eu não dei o direito a ninguém de falar o nome dela aqui dentro.

O primeiro impulso de Fábio foi o de reagir com a mesma violência. Ambos tinham a mesma altura e Fábio era mais encorpado. Mesmo que indignado com a violência, ele não podia deixar de reconhecer que sentira simpatia na atitude de Venâncio. Tivera, muitas vezes, a vontade de fazer a mesma coisa quando alguém queria lhe dar algum conselho, ou falava o nome de sua amada. Nunca tivera a coragem de Venâncio, que agia como um animal cuidando a área demarcada do seu território emocional. Aquela era a área da sua solidão. Aquela era a sua área de dor. Quem tinha o direito de emitir opiniões sobre ela?

Como não reagiu, mas também não demonstrou medo, de repente pareceu que Venâncio caiu em si, e seus olhos, antes duros, demonstraram algum aturdimento. Afrouxou a força e as plantas dos pés de Fábio voltaram ao solo. Então Venâncio lhe deu as costas e colocou as mãos na cabeça, derrubando o chapéu e mostrando cabelos hirsutos. Andou até a cadeira mais próxima e sentou, apoiando os cotovelos na mesa. Fábio ficou sem saber o que fazer. Talvez não fosse a hora de partir. Então Venâncio suspirou profundamente e falou, seco:

– Sente-se.

Por muitos minutos Venâncio ficou olhando para Fábio, separados que estavam pela mesa estreita, de tábuas ásperas. Seus olhos pareciam tentar entrar pelos desvãos da alma. Um grande contraste estava estabelecido naquela cena insólita. O rosto rude de Venâncio, sua pele morena e curtida de sol e a barba em desalinho, era o oposto da pele bem cuidada e clara de Fábio, de barba bem feita. Seu rosto era ligeiramente alongado, de ângulos bem definidos, e sua boca parecia sempre levemente contraída, como se estivesse continuamente prestes a discordar de alguma coisa. Venâncio olhava para os olhos claros de Fábio, protegidos por sobrancelhas grossas e bem delimitadas. Havia uma irritação mal dissimulada nesse olhar, causada pelo evidente contraste, como se ele quisesse dizer: "De onde esse almofadinha[1] arrumou aquela frase que me tirou do sério?"

– Por que a correnteza a levou? – perguntou Fábio, sem causar nenhuma hesitação nos olhos do companheiro.

Silêncio.

– Porque ela amava outra pessoa. Não... não é o que você está pensando – apressou-se em explicar, pela primeira vez demonstran-

---

[1] Na época em que o banco dos bondes eram de madeira, algumas pessoas levavam almofadas para terem uma viagem mais confortável, de onde o termo derivou para a alcunha.

do alguma preocupação com o que havia falado e quebrando o sentido do tempo da casa. – Não pense em amor carnal. Ana Maria amava o homem que salvou sua vida, um médico.

– Médico?

– Sim, um médico. A pessoa mais iluminada que já tive a oportunidade de cruzar nos meus descaminhos. Um espírito luminoso que havia descido à Terra apenas para fazer o bem... e eu não entendi. Eu julguei mal. Ah! Como somos pobres em julgamento! Como a criatura humana se enche de razões baseadas na sua pobreza de alma! Como julgamos errado! Eu julguei errado. Julguei que ela o amava fisicamente. Por isso, o matei.

– Você matou o médico?

– Não, eu matei um anjo... um anjo chamado Adolfo...

Fábio percebeu um tremor na voz de Venâncio e, ao mesmo tempo, sentiu que um calafrio de verdade o percorria. Agora começava a entender porque fora mandado até aquela casa.

Venâncio relutou em completar o nome do médico e desviou o olhar, perdendo-o no vazio. Depois de alguns segundos, fechou os olhos e respirou profundamente.

– Adolfo? – perguntou Fábio, como se passasse ao outro, não uma pergunta, mas um estímulo para completar o pensamento, embora já soubesse do que se tratava. Então Venâncio olhou-o novamente e disse, em voz muito baixa:

– Adolfo Bezerra de Menezes. Eu matei Bezerra de Menezes.

Capítulo 1

Petrópolis, novembro de 1878.

O sol sumia manso sobre a encosta da montanha, fazendo Ana Maria perder longos minutos absorta na saudade. O bordado estava esquecido no seu colo e a luz tênue do entardecer a pintava com faces de anjo para quem a surpreendesse, ao lado da janela da sala. O dia fora quente e úmido e agora uma brisa fresca balançava as madeixas loiras, caídas em seus ombros. O azul dos seus olhos ganhava tonalidades cinzas com a proximidade da noite. Enquanto ainda havia alguma claridade, apanhou mais uma vez a carta do noivo de sobre a escrivaninha e a leu. Sabia já cada palavra, cada vírgula, porém, mesmo assim um vago tremor a percorria quando lia alguns trechos.

"... as provas finais foram para mim um grande tormento. Os suores febris muitas vezes não me permitiam nem segurar a pena.[2] *Porém, não canso de agradecer a bondade divina por ter colocado em meu caminho um anjo. Se eu procurasse um facultativo, talvez não tivesse dinheiro para a comida nos meus últimos dias de estudos, mas, ao voltar de bonde para casa, sentou ao meu lado um senhor de longa barba cerrada e olhar calmo. Mal me cumprimentou e logo foi falando do meu estado. Só pude lhe responder algumas*

[2] No final do século XVIII, em 1780, as penas de aves foram substituídas por penas de metal, com corpo de madeira. Somente em 1884, Lewis Waterman inventou uma caneta tinteiro. (www.educ.fc.ul.pt)

perguntas, antes que ele escrevesse em um pequeno cartão o nome de um medicamento e o endereço da farmácia Cordeiro, onde eu poderia comprá-lo. Diante da minha expressão de angústia, ainda me disse: Não há que se preocupar com o pagamento, apenas diga ao farmacêutico que eu mesmo pagarei posteriormente. Uma parada antes da minha, ele saltou, sem que eu pudesse agradecê-lo. Envidei todos os meus esforços junto ao farmacêutico para pagar o medicamento, mas não o consegui. Ele foi irredutível, mesmo que eu nada falasse sobre o comentário do médico, que tinha seu nome impresso no cartão que me dera. O remédio foi eficiente. As provas mais difíceis já as pude fazer em bom estado e só posso dedicar a esse anjo de bondade minha aprovação final. Hoje sou engenheiro civil, formado pela Escola Politécnica[3] *e parto em poucos dias ao seu encontro. Espero que nunca mais o destino nos separe.*

"Do seu

"Lúcio"

A carta lhe chegara há mais de vinte dias, porém, Lúcio ainda não retornara. Estavam noivos há um ano e a data do casamento seria marcada tão logo ele retornasse do Rio de Janeiro, com seu diploma de engenheiro. Fora a exigência de Amadeu Klaus, seu pai, para que sua única filha casasse com um homem sem ascendência germânica. Herr Klaus, o ferreiro mais conhecido de Petrópolis, fazia bem o seu papel de homem severo, e o era, mas somente no que se referia à disciplina e ao respeito às tradições. No fundo, era um coração mole e nada fazia que pudesse entristecer a filha.

A voz suave e alegre de Frau Lilsa Klaus, mãe de Ana Maria, ecoava pela casa, quando Ana Maria ouviu as batidas na porta da frente. O som do metal batendo na madeira chegou antes aos ouvidos de Ana do que nas outras peças da grande casa. Levantou assustada e

---

[3] A raiz histórica da Escola Politécnica vem desde a Real Academia Militar, que mudou algumas vezes de nome: em 1822 passou a ser chamada Imperial Academia Militar; em 1832, Academia Militar da Corte; em 1840, Escola Militar e em 1858, Escola Central. Em 1874, após a Guerra do Paraguai, a Escola Central, se desligou das finalidades militares, passando a formar exclusivamente engenheiros civis. Neste ano passou a ser chamada Escola Politécnica. (Lucena, Luiz Castelliano de. *Um Breve Histórico do IME – Instituto Militar de Engenharia.*)

deixou cair o bordado. Lúcio! Atravessou a sala como se estivesse flutuando acima do chão e já estava no meio da escada quando sua mãe apareceu na frente da porta. Bastou apenas um olhar para que ela entendesse que não podia perder a compostura. Frau Lilsa ainda esperou alguns segundos para que a filha pudesse se recompor da agitação e, quando bateram pela segunda vez na porta, a abriu:

– Pois não.

– Boa noite, senhora, perdoe-me pelo incômodo. Creio que cheguei na ferraria minutos depois de seu marido a tê-la fechado... Se não fosse uma situação dramática, não os incomodaria...

– Oh! Não se preocupe, meu senhor, Herr Klaus está acostumado... Mas, por favor, entre e queira sentar-se. Se ele fechou a ferraria agora, deve estar na oficina pessoal, trabalhando em suas armas. Por gentileza, espere um minuto enquanto o chamo.

Frau Lilsa falava perfeitamente o português, deixando a lembrança do idioma familiar apenas em poucas sílabas. Era sempre gentil e educada com todos, mesmo assim, Ana Maria sabia que, por morarem junto à Estrada Normal da Serra da Estrela,[4] que ligava Petrópolis ao Rio de Janeiro, havia a necessidade de se resguardar um pouco na hora de se convidar algum viajante para entrar em casa. No entanto, tão logo o senhor passou para o átrio, entendeu os motivos da mãe. Era um cavalheiro de meia idade e vestia-se com distinção e requinte: um terno marrom muito bem cortado, com longa casaca na mesma cor, assim como o chapéu. Estava impecável e o cheiro do seu perfume logo alcançou Ana Maria. Todos sabiam que o imperador estava para chegar, sendo que oficiais e políticos importantes eram frequentadores habituais da cidade nestes períodos.

[4] Irineu Evangelista de Souza, o Barão de Mauá, criou a estrada de ferro e a linha de barcos a vapor, que ligava Petrópolis ao Rio de Janeiro. Essa viagem começava no Cais dos Mineiros do Rio e ia até o Porto de Mauá, no fundo da Baía da Guanabara, em pequenos vapores muito confortáveis, com orquestra e sala de refeições; do Porto de Mauá até Raiz da Serra usava-se a primeira estrada de ferro do Brasil, em 1854, e daí, em diligências até Petrópolis pela Estrada Normal da Estrela. Em 1883, foi inaugurada a Estrada de Ferro do Príncipe Grão-Pará, vencendo a Serra da Estrela em cremalheira, notável obra de engenharia na época, que substituía as diligências serra acima. (www.petropolis.rj.gov.br)

Tão logo Frau Lilsa saiu e enquanto sentava-se na cadeira a ele indicada, o visitante percebeu a presença de Ana no meio da escada, levantando-se, num ato reflexo.

– Perdoe-me, senhorita, não havia notado sua presença.

– Não se preocupe, senhor... Por favor, fique à vontade que meu pai logo vai atendê-lo – respondeu Ana, virando-se para voltar ao seu bordado e às lembranças de Lúcio.

– Por favor... espere – falou, com algum atropelo informal na voz, surpreendendo Ana. – Nem nos apresentamos... Por favor, fique mais um pouco.

Ana ficou indecisa por alguns segundos, mas logo lembrou as recomendações do seu pai em relação ao comportamento com as pessoas importantes da corte que frequentavam a região. Deles dependia a boa vivência dos estrangeiros e seus descendentes. A família Klaus aprendera a duras penas essa verdade. Mesmo que o imperador fosse sempre generoso com os estrangeiros, principalmente com os alemães que se radicaram nas serras de Petrópolis, essa conduta não era generalizada entre os cortesões. Pensando assim, ela sorriu e desceu os poucos degraus que a separavam do átrio.

– Fábio Augusto Severiano... seu criado.

– Ana Maria Klaus, senhor.

– Ah! Ainda sou muito jovem para que me chame de senhor... nem tenho vinte e cinco anos ainda – brincou Fábio, tentando ser jovial e causando algum estranhamento em Ana Maria, que ficou perdida em relação à possível idade do interlocutor. Seu rosto era realmente jovial, com a pele clara e a barba bem feita, costeletas longas e bigode bem aparado. O rosto era fino e de ângulos bem definidos, o que lhe conferia ainda mais jovialidade, mas os fios grisalhos das costeletas indicavam que já passava dos quarenta anos. Ao perceber que causara confusão na jovem, continuou:

– Como eu poderia imaginar que nesta casa havia uma jovem tão linda!

Ana Maria ruborizou de imediato. Fora pega de surpresa pela ousadia daquele homem. Suas roupas finas e seu atrevimento denotavam sua elevada situação social, por isso teve medo. Sorriu, constrangida, e sentou na cadeira da parede oposta onde Fábio Augusto estava. Este permaneceu em pé, com os olhos vidrados nos olhos azuis de Ana Maria, como se estivesse hipnotizado. Sua expressão rapidamente tomou contornos de fascínio, situação que a moça já vivenciara na presença de outros homens, mas que a deixava sempre muito incomodada.

– Se me permite o atrevimento, qual a idade desse anjo de cabelos dourados?

– Dezoito anos, senhor – respondeu, sem rodeios ou sorrisos, erguendo todos seus escudos íntimos.

– Mas não vejo nenhuma aliança nos seus dedos... como pode uma mulher nessa idade, e tão linda ainda não estar casada. Seus pais a mantém enclausurada?

Somente nesse momento Ana percebeu que estava sem sua aliança na mão direita. Havia tirado para bordar e, na pressa, pensando que era Lúcio que chegara, esquecera de colocá-la.

– Perdoe-me, senhor. Sou noiva... deixei minha aliança ao lado do bordado. Meu noivo está para chegar por estes dias, para marcarmos a data do casamento.

A decepção ficou estampada no rosto de Fábio. Imediatamente seu sorriso mudou os ares de felicidade e surpresa para um fino ricto de sarcasmo. Suas sobrancelhas se contraíram levemente e Ana chegou a pensar que ele duvidava do que ouvira.

– E posso saber onde está este homem pouco cauteloso, que não se incomoda em ficar longe de uma noiva tão linda?

Ana Maria não teve tempo de responder, para seu alívio. Não queria dar essa resposta. Não queria comentar nada da sua vida com aquele homem, que lhe causara tão desagradável impressão. Os passos pesados e apressados de seu pai retumbaram pela casa e logo Herr Klaus entrava no átrio, já pedindo desculpas pela demora. Ainda vestia suas roupas de trabalho e enxugava as mãos numa toalha limpa, que sua mãe se apressara em conseguir.

O pai de Ana era alto e forte, de tal maneira que costumava intimidar com sua presença. Falava alto e parecia sempre disposto a quebrar uma pessoa pelo meio, como Frau Lilsa costumava dizer, mas, por trás dessa aparência, escondia-se um homem gentil e carinhoso. Depois das explicações pela demora, Fábio Augusto pôde contar o seu problema.

– Estou a serviço de Sua Majestade, o imperador. A seu pedido vim conferir se tudo está em ordem para sua próxima estada no palácio de verão. Porém, há duas léguas daqui, o cocheiro deixou a carruagem escorregar para o lado da estrada e o eixo principal partiu-se. Quase sofremos um acidente de graves proporções. A senhora que está comigo... uma amiga da família real que também está vindo antes para deixar a casa em ordem, a pedido da própria imperatriz, nada sofreu, mas está apavorada com a chegada da noite.

Todos perceberam o constrangimento de Fábio ao falar da senhora que o acompanhava, o que fez Herr Klaus adiantar-se, para livrar o viajante da situação.

– Mas onde está esse cocheiro que não veio ele mesmo em busca de socorro?

O gigante pai de Ana não pronunciava as palavras com a mesma facilidade da esposa, o que fazia seu palavreado ficar ainda mais intimidante.

– Felizmente, foi o único a se ferir – respondeu Fábio, causando rápida irritação em Ana. Como assim, felizmente? Estava ferido, como ele poderia achar isso bom?– O negrinho deve ter quebrado a perna – continuou –, talvez assim aprenda a ser mais precavido. Mas a senhora a quem acompanho está muito assustada e temendo a noite. Acredito que, neste momento, deve estar ainda mais apavorada.

Herr Klaus entendeu a pressa do cliente e não perdeu mais tempo. Em poucos minutos ele e Fábio Augusto partiam no coche da família, melhor indicado para acomodar a senhora enquanto fazia o conserto, ou trazia a carruagem para a ferraria, se o mesmo não pudesse ser feito na estrada. Fábio despediu-se de Ana beijando-lhe a mão, mas mantendo seus olhos nos dela o tempo todo. Como os pais de Ana estavam nas suas costas, não foi um simples beijo. Os lábios que encostaram em sua pele estavam molhados, causando nela imediata repugnância.

Duas horas depois, o pai voltava, mais silencioso que o de costume. Mãe e filha já haviam jantado e foram juntas servir a refeição de Herr Klaus, curiosas por informações do acidente. Diante do silêncio do marido, Frau Lilsa perguntou:

– Alguma coisa ruim deve ter acontecido para estar assim calado.

– Ele bateu no negrinho, o pobre cocheiro – por fim desabafou o gigante, tomado de indignação. – Já havia batido antes, por causa do acidente... Apenas um menino, e com a perna quebrada... e levou umas chicotadas, na minha frente... e aquele arrogante ainda é médico. Como pode fazer uma coisa dessas?

– Médico? – mãe e filha perguntaram ao mesmo tempo.

Herr Klaus tirou um cartão do bolso da camisa e entregou para a esposa. Nele estava escrito:

Doutor Fábio Augusto Severiano
– Médico –

– Estudou para curar...

– E o que foi feito com o cocheiro? – perguntou a esposa.

– Eu mesmo o levei para o doutor Antunes. O nobrezinho levou a amante para casa, ele mesmo conduzindo a carruagem.

Tão logo falou, teve vontade de correr atrás das palavras. Havia sido indelicado na frente da filha. Olhou para ela já com um pedido de perdão no olhar.

– Não se preocupe, papai, mesmo uma criança entenderia... Também não gostei dele.

– Ele abusou de você? – perguntou o pai, largando a colher e ficando em pé.

– Não. Mas também não foi educado. Queria saber do Lúcio... Queria saber por que eu ainda não havia casado.

– Mas em tão pouco tempo em que ficaram sozinhos? – protestou a mãe. – Não devia ter deixado que entrasse.

– *Nein, nein...* Você fez certo. Temos que ser educados, e precavidos, embora eles sejam tão mal educados. Mas, por falar em casamento, onde anda o seu noivo? Já não deveria estar de volta?

– Sim, papai. Também estou preocupada. Em sua última carta dizia chegar em breve.

– Ah! Ele é um estudante... Já ouvi falar muito das festas de formatura... duram muitos dias...

Ana Maria apenas abaixou a cabeça, entristecida, para desespero do pai, que outra vez se arrependeu do que falou.

– Amanhã vou logo cedo à casa do correio ver se há mais alguma carta dele, minha querida. Não há de ser nada...

Não foi apenas a ausência de notícias sobre Lúcio que não deixou Ana Maria dormir naquela noite. O olhar ferino de Fábio Augusto, levando sua mão aos lábios molhados, a perseguiu com insistência. Cada vez que o sono se aproximava, aquele olhar surgia em sua visão, tomando ares de pesadelo, mesmo estando acordada.

Capítulo 2

Em 1837, aportou no Rio de Janeiro o navio Justine, com 238 imigrantes alemães em viagem para a Austrália. Devido aos maus tratos sofridos a bordo, eles resolveram não seguir viagem, permanecendo na cidade. O germânico Júlio Frederico Köeler, major do exército imperial na condição de naturalizado brasileiro, sabendo da ocorrência, junto com a Sociedade Colonizadora do Rio de Janeiro, providenciou uma indenização ao comandante do Justine para que este deixasse os alemães ficarem. O major Köeler havia sido contratado pelo mordomo da Casa Imperial, Paulo Barbosa da Silva, para desenvolver o projeto de construção da "Povoação – Palácio de Petrópolis", a pedido do imperador. Também em comum acordo com a Sociedade Colonizadora do Rio de Janeiro, contratou os alemães para trabalharem na abertura da Estrada Normal da Estrela, que melhoraria o tráfego entre Petrópolis e a capital do Império. Entre estes imigrantes havia um menino de apenas 12 anos, que já se destacava pelo tamanho e força, chamado Amadeu Klaus.

No dia 13 de junho de 1844, uma frota de navios vindos do porto de Dunquerque, na França, chegava ao Rio de janeiro com 600 famílias de alemães, trazidas pelo império para trabalhar na província do Rio de Janeiro. Entre tantos imigrantes, deslumbrados com o visual estonteante da baía da Guanabara, uma jovem refletia nas próprias lágrimas o colorido da paisagem. Chorava a morte prematura do marido, em pleno Atlântico. Casara-se antes de partir e esperava uma vida generosa no novo mundo. Chegou ao Brasil carregando apenas dor e insegurança, mesmo que a curta vida de casada não tenha sido feliz. Foi assim que Lilsa Krieger, nome do falecido marido, desembarcou em terras brasileiras.

O dia 8 de novembro de 1878 amanhecia com uma chuva fina sobre Petrópolis e a casa Klaus, como era conhecida a residência dos pais de Ana Maria, na entrada da cidade, já estava em plena atividade. A família João Bento da Silva já começara a trabalhar antes mesmo de o sol nascer. Moravam numa boa casa dentro do terreno da casa Klaus e haviam sido comprados e alforriados pelo próprio Amadeu Klaus. O pai, João Bento, e o filho Bentinho, trabalhavam na ferraria; a mãe, Terezinha, e a filha, Zezé, trabalhavam com Frau Lilsa, na casa.

Às oito horas da manhã, Herr Amadeu parou na frente da filha, na porta da cozinha, com um sorriso aberto no rosto. Diante do olhar aflito de Ana Maria, tirou de dentro do colete um envelope. Mal esticou o braço e a filha já corria com a carta de Lúcio para ler em seu quarto.

Herr Klaus foi para a ferraria e Frau Lilsa entreteve-se nos tantos afazeres da casa, que não se deu conta da ausência prolongada da filha. Quando foi a sua procura, a encontrou olhando tristemente para as montanhas, pela janela da sala, sentada novamente na sua cadeira de tricotar. Tinha os olhos molhados, embora seu rosto já anunciasse alguma resignação. Diante do olhar aflito da mãe, e por não ter vontade de falar, apenas estendeu a carta.

"Digo-lhe, minha querida, que o médico que me socorreu sem cobrar, com tamanha generosidade, é uma figura por demais conhecida. É presidente da Câmara Municipal da Corte e representa o Rio de Janeiro na Câmara dos Deputados. Uma semana depois de me medicar, sentou-se uma vez mais ao meu lado no bonde que nos leva para a Tijuca. Queria saber do meu estado e, tomado de surpresa, cheguei a demorar um pouco em reconhecê-lo. Imediatamente fiquei eufórico com a possibilidade de agradecer sua generosidade. Como ficou sabendo que eu acabara de me formar em engenharia, pediu que eu me apresentasse ao escritório da Companhia Estrada de Ferro Macaé e Campos, onde estavam precisando de engenheiros. Qual minha surpresa, no dia de hoje, quando o encontro sentado atrás da mesa, no escritório da referida companhia, da qual é um dos diretores. Pronto!

Estou empregado e já com um bom salário. Eu sei que o seu coração, como o meu, deve estar sofrendo com a prolongação do tempo em que ficaremos longe um do outro. Porém, tenho certeza de que será melhor para o nosso futuro e seus pais aprovarão minha atitude...”

– Posso contar isso para o seu pai?

– É claro, mamãe, pode levar a carta...

Antes de sair, Frau Lilsa ainda beijou a testa da filha e apertou suavemente seu ombro. Ana Maria sabia que a mãe não era habituada às demonstrações extravagantes de carinho, ao contrário do pai. A vida lhe havia sido por demais dura e não houve como impedir que as cicatrizes tolhessem um pouco sua afetividade, porém, mesmo que os gestos não fossem expansivos, o coração era amoroso. Ficou ainda mais alguns minutos à janela que dava para o fundo da casa e para as montanhas verdejantes. Lúcio lhe prometera estar presente para o Natal, pois não seria ético ausentar-se do emprego que mal começara.

Na hora do almoço, Herr Klaus, que nenhuma palavra ainda pronunciara sobre o assunto, exigiu que mãe e filha enchessem também seus copos com cerveja. Diante da relutância da filha, tornou o seu olhar mais severo, para que esta o obedecesse. Habitualmente ela não bebia, porém, aquiesceu, mesmo a contragosto. Depois o pai ergueu seu caneco e disse:

– Um brinde ao meu valoroso futuro genro! Se fosse outro qualquer, estaria aqui, dominado pelo coração, sem pensar no futuro.

Alegria e tristeza rapidamente se misturaram nas lágrimas de Ana, que começaram a correr com intensidade, para desespero dos pais. Porém eles sabiam que, em relação a isso, nada podiam fazer. A saudade a consumiria por mais tempo, mas a possibilidade de um futuro melhor superaria a dor. Eles sabiam que a preocupação maior da filha era com o fato de que, com este emprego na capital da província, seu noivo não estaria ao lado dela até a data do casamento. Por sua vez, sabiam que, desta forma, depois de casados, a filha acompanharia o marido. Dores naturais da vida que, até aquela data, pouco apareciam na casa Klaus.

Almoçaram em silêncio, até que bateram à porta da frente. Frau Lilsa foi atender e logo voltou com um bilhete para o marido:

"Caro Amadeu, venho por meio deste solicitar-te um obséquio. O jovem Juca, que me trouxeste ontem com a perna quebrada, encontra-se em situação por demais delicada. Mandei um mensageiro para o seu proprietário, porém, este se recusou a recebê-lo e mesmo a pagar as despesas do seu tratamento. Não gostaria de incomodar o amigo, mas, o que eu faço nesta situação? Minha casa não permite que possa mantê-lo internado por muito tempo, em detrimento de outros pacientes também necessitados. Aguardo alguma orientação.

"Doutor Antunes."

Herr Klaus leu o bilhete em voz alta e, de imediato, Frau Lilsa chamou Terezinha, que estava na cozinha, e ordenou:

– Prepare o quarto do depósito da ferraria... Teremos um hóspede.

Não foi preciso falar mais nada, nem aguardar alguma decisão do marido. Ela mesma dirigiu-se ao menino que trouxera o recado e avisou que Herr Klaus logo buscaria o paciente e pagaria as despesas do mesmo. O quarto do depósito tinha hóspedes frequentes e, muitas vezes, secretos. Negros fugidos costumavam encontrar abrigo na generosidade dos Klaus, principalmente da esposa, já que o marido, embora sua imensa bondade, tinha seus receios naturais. Sabia que a justiça era severa em relação a isso, mas também sabia que seria impossível demover a esposa de suas decisões.

Logo no começo da tarde, Juca, com a perna esquerda enfaixada e ainda com muitas dores, acomodava-se no quarto do depósito, sem dizer palavras. Junto com ele, Dr. Antunes mandara uma sacola com unguentos para serem aplicados nas costas, ainda bastante feridas pelo chicote de Fábio Augusto.

– E se esse médico desumano não quiser levá-lo? – perguntou Ana ao pai.

– Não acredito que faça isso. Mesmo com a perna quebrada, um escravo custa muito dinheiro para ser deixado para trás. Na idade do Juca, custa mais de 1200 mil réis. Ele ficou de passar aqui por estes dias para pagar as despesas do conserto da carruagem.

– O quê? Ele ainda não pagou?

– Você sabe como a maioria deles procede. O mais comum é que venha a esquecer e terei que mandar a cobrança. Mas creio que, como temos algo de valor que lhe pertence, talvez não esqueça.

No final do dia, foi a própria Ana Maria quem levou um prato de comida ao Juca, que continuava no seu mutismo. Depois de colocar o prato na mesinha ao lado da cama e encher uma caneca com água, sentou numa cadeira e ficou olhando o paciente, que se mantinha com os olhos fechados. Depois de alguns minutos, Juca abriu os olhos e pareceu surpreender-se com a presença dela.

– Achei que estava dormindo, mas, se demorasse um pouco mais, iria acordá-lo... antes que a comida esfriasse. – falou Ana.

Juca manteve o olhar em Ana, mas nada falou. Havia suor em seu rosto, ainda resultante da febre que o acometera. Ana levantou e, com um lenço seu, se dispôs a secar o rosto do paciente, o que o fez recuar na cama e gemer, por ter movimentado a perna intempestivamente.

– Por favor, cuidado... – falou Ana.

– Eu é que lhe peço por favor – por fim falou Juca. – Não faça isso...

– E por que não? Tem medo de mim? Fiz alguma coisa errada a você?

– Exatamente por isso... não fez nada errado. Nem você, nem sua mãe ou seu pai...

A maneira de Juca falar surpreendera Ana Maria. Sua voz era grave e ao mesmo tempo suave. Falava com calma, pronunciando claramente cada sílaba, de maneira formal e correta.

– Então, não entendo...

– Já fizeram muito por mim. Será muito difícil eu pagar pelo que fizeram.

– E quem aqui está falando em pagamento?

– Eu sei que seu pai pagou ao doutor que me atendeu...

– Desculpe-me, mas isso é problema do seu senhor...

– Eu sou meu senhor, sinhá... sou um negro forro.[5]

Ana Maria ficou perplexa. A atitude do doutor Fábio Augusto para com Juca logo tomou contornos de monstruosidade. Então ele não era escravo? Como aquele janota pode chicotear um homem livre?

[5] Escravo liberto por uma carta de alforria.

– Precisamos procurar a polícia, você precisa denunciá-lo... – protestou Ana Maria, num ímpeto.

– Ora, sinhá, de que adiantaria? A família Severiano é poderosa e influente... Eu seria ridicularizado e ainda acabaria preso...

– Ele poderia ao menos ter contado que você não era seu escravo.

– Para pessoas como ele, todo negro é escravo.

– Vamos, Juca... se ficarmos conversando sua comida vai esfriar. Vou ajudá-lo a sentar-se...

Não deu tempo nem de Ana aproximar-se e Juca já estava sentado na beira da cama, embora com alguns gemidos. Ergueu uma das mãos e pediu:

– Por favor, sinhá, não me deixe constrangido. Quem sou eu para receber tanta ajuda?

– Isso mesmo – falou Ana, com um sorriso, enquanto voltava a sentar na cadeira –, quem é você? Conte-me um pouco da sua história enquanto come.

– Eu sou apenas um negro que não merece tanta atenção.

– Um negro orgulhoso que não gosta de ser ajudado, isso sim. Nesta casa não existem diferenças medidas pela cor da pele, meu caro. Logo vai entender que as diferenças aqui são marcadas pelo caráter, pela bondade e pela vontade de trabalhar.

Juca, que atacara esfomeado o prato de comida, abaixou a colher ao lado do prato e ficou olhando aquele anjo loiro tomado de admiração. A luz do entardecer que entrava pela janela filtrava-se nos cabelos de Ana e parecia que se espalhava em ainda mais luz pelo pequeno quarto, como se ela fosse uma lâmpada. Quando percebeu que estava quase paralisado diante da beleza daquele quadro à sua frente, baixou a cabeça e voltou a comer. Depois de algum tempo, falou:

– Há cinco anos eu deixei cair um tonel de vinho na saída de um armazém do porto da Gamboa. Este descuido mudou minha vida. Meu proprietário, um fazendeiro do café a quem tento esquecer todos os dias, ficou furioso com meu descuido e chicoteou-me de maneira desumana. Ele não sabia, nem eu tampouco, que estávamos sendo observados por um homem... um grande homem. O senhor Irineu estava no mesmo armazém para conferir mercadorias que estava recebendo e ficou estarrecido com o que viu. De imediato interferiu na situação, não permitindo que meu antigo senhor continuasse a surra. Quase se agrediram fisicamente, o que não aconteceu devido à intervenção de outras pessoas, mas o bate-boca continuou e, no meio da discussão, o senhor Irineu quis comprar-me. Meu antigo senhor falou que eu não tinha preço, o que deixou meu defensor ainda mais indignado. Ofereceu por mim o valor de 2000 mil réis, uma fortuna que pegou desprevenido seu adversário que, por sinal, passava por sérios problemas financeiros. Para resumir, sinhá, fui vendido e, em seguida, alforriado pelo senhor Irineu...

– Irineu? Quem é o senhor Irineu?

– Um grande homem. O maior homem que já conheci. Irineu Evangelista de Sousa. O visconde de Mauá.

– Oh! Nós o conhecemos... já esteve em nossa casa... É contra a escravidão. Ele adora Petrópolis, disse ao meu pai que, no futuro, ainda virá morar aqui.[6]

– Eu trabalho para ele, sinhá. Ele fez com que eu estudasse. Sou secretário, cocheiro, mensageiro, condutor de bonde, marinheiro... Tudo o que for preciso eu faço, e ainda sou pago por isso... É o maior homem que já conheci.

– Mas então ele poderá denunciar o doutor Fábio Augusto.

– Não. Em hipótese alguma. Sua luta a favor dos negros e das ideias liberais já lhe trouxeram muito incômodo. A família Severiano é do Partido Conservador e odeia o visconde. Ele nem pode saber sobre este acidente.

– Mas, se você é empregado do visconde, como estava trabalhando de cocheiro para o doutor Fábio Augusto?

---

[6] O Visconde de Mauá passou a residir em Petrópolis em 1884, cinco anos antes de sua morte. Ao longo de sua vida foi merecedor, por contribuição à industrialização do Brasil no período do Império (1822-1889), de dois títulos nobiliárquicos: primeiro de barão (1854) e depois de visconde de Mauá (1874). Foi pioneiro em várias áreas da economia do Brasil. Dentre as suas maiores realizações, encontra-se a implantação da primeira fundição de ferro e estaleiro no país, a construção da primeira ferrovia brasileira, a Estrada de Ferro Mauá, no atual estado do Rio de Janeiro, o início da exploração do rio Amazonas e afluentes, bem como o Guaíba e afluentes, no Rio Grande do Sul, com barcos a vapor, a instalação da iluminação pública a gás na cidade do Rio de Janeiro, a criação do primeiro Banco do Brasil, e a instalação do cabo submarino telegráfico entre a América do Sul e a Europa (http://pt.wikipedia.org/wiki/Irineu_Evangelista_de_Souza– com citação de fontes)

– Eu sou um bom cocheiro, sinhá, muitos senhores me chamam quando têm que chegar rapidamente em algum lugar distante.

– Mas deixou a carruagem tombar...

– Ele estava ameaçando não me pagar se eu não chegasse antes do anoitecer ao palácio... Estava enlouquecido... A senhora tem pavor da escuridão da estrada. Eu avisei que seria melhor viajarmos no outro dia, mas ele não quis me ouvir. Eu estava correndo numa velocidade que não é permitida para uma carruagem pesada como aquela...

– Então foi duplamente imprudente. Primeiro, por aceitar o serviço, depois, por correr demais...

Juca sorriu levemente e baixou os olhos, um pouco constrangido, concordando em silêncio com a admoestação de Ana Maria, o que a deixou também um pouco constrangida.

– Oh! Desculpe-me... Acho que exagerei. Deve ter tido seus motivos para aceitar o serviço...

– Bem... é uma história meio complicada – falou Juca, agora com um brilho diferente no olhar. – A senhora que acompanha o doutor Fábio trouxe junto sua mucama... uma negrinha bonita que só, sinhá... e que é encantada por mim. A senhora veio a trabalho, a pedido da imperatriz. Ela não quis vir com as carruagens que fazem o tráfego regular da Raiz da Serra até Petrópolis, por isso me contrataram para fazer o serviço, já que o imperador mantém várias carruagens para estas situações. Na verdade, ela quis vir de carruagem por ser mais discreto... Bem... ela é casada... quer dizer...

Ana Maria percebeu que quanto mais Juca falava, mais enrolado ficava, por isso levantou e apanhou o prato de comida vazio, depois disse:

– Não precisa explicar mais nada, Juca. Melhor não entrarmos em assuntos onde seremos tentados a julgar o comportamento de outras pessoas. Agora se deite e tente descansar. Acredito que o visconde não ficará muito contente se você não voltar logo para o trabalho.

– Ele está viajando para o sul... me deu alguns dias de descanso.

– Então faça isso, descanse, senhor Juca... e sonhe com sua amada. Tenha uma boa noite.

Capítulo 3

Quatro dias depois, a carruagem do médico parou na frente da ferraria de Herr Klaus. Enquanto Fábio Augusto descia por um lado, pelo outro pulava uma negrinha miúda e rápida, passando na frente do médico e correndo por dentro da ferraria, quase sem pedir licença ao proprietário. Maria Geralda, a Magé, já havia visitado Juca nos dias anteriores, sempre logo após o almoço, quando os senhores faziam a sesta, e fizera amizade com Ana Maria e Frau Lilsa, que a tratavam com carinho. Fora ela que levara ao doutor Fábio uma nota dos serviços prestados por Herr Klaus.

O médico pagou o serviço carrancudo e Amadeu Klaus o tratou do mesmo modo. A maneira como tratara um negro forro ainda estava atravessada na garganta do gigante alemão, e só não expunha sua insatisfação por saber que não era prudente atritar com os membros da corte.

– Que devo fazer com o seu cocheiro? – perguntou Herr Klaus, deixando bem claro que sabia que Juca não era escravo.

– Ele é um homem livre... e um mau cocheiro. Ele quem deveria pagar pelo estrago que provocou. Só estou pagando pelo serviço porque imagino que o miserável não tenha um tostão, e o senhor não pode ser prejudicado. Mas isso não me faz responsável por ele. Deverá saber como voltar ao Rio de Janeiro.

Quando terminou de falar, a Magé já voltava do seu encontro rápido com Juca. Fora apenas se despedir e deixar com ele um pouco de dinheiro, conseguido a muito custo com sua senhora. Sabia que Juca não dispunha de nenhum e dele precisaria para a viagem de volta. De braço com ela, veio Ana Maria. A intimidade das duas causou rápida indignação no doutor Fábio, porém, a presença da moça novamente o deixou desnorteado, por isso conteve sua impaciência. Acompanhou com os olhos a faceirice de Magé entrando na carruagem, depois se voltou para Ana Maria e sorriu. Herr Klaus já havia retornado para o interior da ferraria, mas, lá de dentro, cuidava da filha.

– É uma pena ir embora sem ter trocado mais algumas palavras com a senhorita – falou Fábio, indo ao encontro de Ana, galante e empertigado. – Mas, diga-me, que ainda há tempo para isso: uma jovem tão linda e que vive enclausurada nesta selva, nunca frequentou a corte da capital?

– Sou feliz na minha clausura, senhor. Na verdade, não acredito que possa existir prisão mais linda e feliz... Porém, logo que meu noivo chegar, marcaremos a data do casamento. Depois disso, provavelmente vou morar na capital do império, pois é lá que meu futuro marido trabalha.

As palavras de Ana Maria feriram como uma lâmina afiada o orgulhoso conquistador Fábio Augusto Severiano. Seu sorriso permaneceu no rosto, mas o brilho do olhar novamente transformou este riso num ricto sarcástico. Quem era ela para tratá-lo assim? Quem era ela para desprezá-lo? Havia filas de mulheres interessadas nele. Atrás do seu olhar fixado em Ana, um turbilhão de pensamentos desordenados e rancorosos se adensava rapidamente. A si mesmo disse que ela ainda iria se arrepender por aquele comportamento.

As batidas de um leque fechado na janela da carruagem tiraram o médico de sua perplexidade. Sabia que não era apenas pressa da senhora; ela era um turbilhão de ciúmes.

O pai de Ana já estava ao lado da filha quando doutor Fábio voltou-se para se despedir. Pensava em dizer mais algumas palavras ousadas, na intenção de observar se causaria alguma instabilidade na jovem, que poderia apenas estar repudiando-o para se fazer de difícil. Para ele, toda mulher era conquistável e era seu hábito dizer alguma frase mais ousada, depois medir o impacto de suas palavras. Entendia que as mulheres, por mais que se irritassem num primeiro momento, no mínimo não ficavam indiferentes a ele no futuro. A presença de Herr Klaus o deixou ainda mais irritado, pois nem isso conseguiria. Então apenas abaixou a cabeça e levantou levemente o chapéu, depois falou:

– Como me prestou um grande obséquio, as portas da casa da minha família estarão sempre abertas, Herr Klaus.

Depois que a carruagem sumiu na primeira curva, Ana Maria falou ao pai:

– A Magé trouxe o dinheiro para pagar as despesas médicas do Juca, assim como seu retorno ao Rio de Janeiro.

– Eu já falei a ele que não precisa pagar nada.

– E o senhor acredita que aquele orgulhoso irá embora sem pagar?

– É um homem de fibra – respondeu o pai com um sorriso, voltando para o trabalho e deixando a filha na porta da ferraria.

Ana Maria ainda ficou mais algum tempo olhando para a estrada. Um estranho pressentimento ficara arranhando seu espírito depois da partida de Fábio. Mandara, através da Magé, uma longa carta para Lúcio. Não quis mandar por correio porque a mucama se mostrara inteligente e agradecida pelo tratamento a Juca. Mandando por ela, a carta chegaria já no dia seguinte, como prometera Magé. Como nunca, sentia a falta do noivo. Aquela impressão deixada por Fábio a fazia ainda mais saudosa do seu carinho e proteção.

Capítulo 4

"Querida Ana

"É com o coração tomado de saudade que lhe escrevo ag*ora, e também com alguma inveja desta alegre Magé, que há tão pouco esteve ao seu lado. Embora possa parecer alguma maldade de minha parte, a melhor notícia que ela trouxe foi sobre suas lágrimas ao lembrar deste seu noivo, que vive sempre tão ocupado agora. Mesmo que meu coração se comprima por sabê-la triste, tomo-me de alegria por confirmar, de sua parte, o amor que nos une.*

"O Natal se aproxima e logo estaremos juntos. De minha parte, voltaria de Petrópolis já casado com a senhorita, porém, entenderei os motivos de seus pais em organizar um casamento em data aprazada, para que nenhum comentário maldoso possa causar-lhes algum constrangimento.

"O trabalho me consome quase todo o tempo, felizmente, e nele vejo grandes possibilidades de futuro. Meu bom e generoso novo amigo e patrão, o senhor Bezerra de Menezes, é verdadeiramente uma alma iluminada. Imagine que, além de ser médico e atender aos pobres sem se preocupar com o que vai receber, também é presidente da Câmara Municipal da Corte e representa o Rio de Janeiro na Câmara dos Deputados. Esse seu envolvimento com o poder não o faz senão mais humilde e solidário com todos que o procuram, e são muitos. É abolicionista convicto e tem até um excelente estudo escrito sobre o assunto: 'A Escravidão no Brasil e as medidas que convém tomar para extingui-la sem dano para a nação'. *Recente-*

mente confessou-me ser o autor dos artigos libertários do jornal Sentinela da Liberdade, *sob o pseudônimo de Frei Gil. Fiquei estupefato, pois de há muito admirava a coerência de tais artigos. Tornei-me também bastante amigo do senhor José Guilherme Cordeiro, dono da farmácia Cordeiro, que me conta passagens que beiram o inacreditável sobre o altruísmo desse admirável médico.*

"Já o avisei que seria uma grande honra tê-lo como padrinho de nosso breve casamento, ao que ele sorriu generoso, prontamente aceitando o convite.

"Em breve estaremos juntos e passaremos o Natal e a virada do ano, mas, enquanto isso e para ocupar um pouco das suas horas, aceite este singelo presente que lhe envio, o recém publicado livro deste excelente escritor, Machado de Assis: Iaiá Garcia. *Tenho certeza de que com ele estará muito bem acompanhada.*

"Do seu

"Lúcio"

Capítulo 5

Em 1845, chegava ao Rio de Janeiro uma leva de imigrantes portugueses, vindos do Minho.[7] A maioria vinha embalada pela esperança do enriquecimento fácil, alardeada pelos compatriotas que voltavam a Portugal exibindo fortuna ganha na antiga colônia. Alguns vinham apenas em busca de trabalho, paz, e comida na mesa. No entanto, a realidade que encontravam na chegada quase sempre frustrava as expectativas. Havia muito trabalho, evidentemente, porém, a remuneração era pouca. Milhares de portugueses acabavam vivendo em condições sub-humanas, o que já era noticiado nos jornais como escravidão branca. Assaltos, arrombamentos e crimes diversos tomavam proporções assustadoras na capital do Império.

Entre os portugueses que chegaram à baía da Guanabara, em 1845, encontrava-se o senhor Evódio de Castro, um homem alto e magro, de olhar severo e rosto anguloso, queimado de sol, sulcado por rugas precoces. Tinha os olhos negros mergulhados em fundas órbitas, e as costeletas emendavam-se com o bigode, dividindo seu rosto ao meio. Trabalhador do campo no Minho, vira a mesa da família vazia por muitos anos e, por isso, esperava encontrar no novo mundo um trabalho digno, que pudesse manter bem alimentados sua mulher, Emerilda, sua filha mais velha, Constância, com quatro anos, e seu caçula, Lúcio, de apenas dois anos.

[7] É dessa região, a Noroeste de Portugal, que veio a maior parte dos portugueses que colonizaram o Brasil a partir do século XVIII.

O primeiro ano da família Castro foi tomado de dissabores. O senhor Evódio não encontrou os parentes com quem mantinha correspondência desde Portugal, tampouco conseguiu notícias de onde poderiam se encontrar. As lavouras do império eram constituídas quase que tão somente de plantações de café e cana-de-açúcar, e as notícias que vinham das fazendas eram aterradoras em relação às condições de vida e de trabalho. Com muito custo, conseguiu um quarto num cortiço do centro da cidade e emprego num armazém perto do porto, de onde tirava menos que o suficiente para alimentar a família. O sonho buscado se deteriorava rapidamente, e logo se transformou em pesadelo com a morte da filha, Constância, vítima de febre amarela.

Pouco depois da morte da filha, e sem poder parar de trabalhar para garantir ao menos o pão, foi avisado por um amigo do armazém que o mordomo da Casa Imperial, o senhor Paulo Barbosa da Silva, estava contratando operários para a construção do palácio de verão do Imperador, na recém-fundada cidade de Petrópolis. Em poucos dias, encontrava-se alojado com a mulher e o filho no acampamento dos operários na antiga fazenda do Córrego Seco, que logo se transformaria na cidade mais bela e culta do império. O trabalho era remunerado com justiça e sua mulher, Emerilda, logo encontrou muitas bocas para alimentar com seus quitutes. A mulher também ficou conhecida por seus eficientes benzimentos, como chamavam no Brasil a atividade que mantinha desde Portugal de curar as doenças usando da magnetização. Esta atividade não era bem vista pelo marido, pois já lhes causara muitos constrangimentos no passado. Mesmo assim, a família finalmente encontrou algum sossego, que veio com uma casa modesta e comida farta na despensa. Os sonhos do senhor Evódio agora se transferiam para o futuro do filho, que queria ver advogado. Porém, o pequeno Lúcio vira no trabalho dos engenheiros e mestres-de-obras do palácio o seu futuro. Esperto e simpático, logo fizera amizade com todos, operários e patrões.

O pai de Lúcio não se incomodou muito com a mudança de planos, pois ter um filho engenheiro lhe fazia gosto. Boa parte do dinheiro agora tinha como destino a educação do filho. Até a data que dona Emerilda ficou doente. A tuberculose minou-a lentamente, até levá-la, para o desespero de Evódio e Lúcio. O dinheiro guardado foi junto com a doença e de nada adiantou. Daquela data em diante, a vida conheceu um taciturno Evódio de Castro. Trabalhador e digno, porém, constantemente triste, e que só encontrava algum lenitivo nos cuidados com o filho, mas este não lembrava se vira algum sorriso no rosto do pai, desde a morte da mãe. A saúde do senhor Evódio, desde a morte de Emerilda, respondeu fisicamente da mesma maneira como se expressava sua alma.

Com grandes dificuldades, Lúcio chegou aos 19 anos. Preparava-se para ir ao Rio de Janeiro prestar concurso para a Escola Central, antiga Escola Militar, no curso de engenharia, quando, numa manhã cinzenta, um operário amigo do pai entrou correndo pela casa com a triste notícia: o senhor Evódio de Castro havia sofrido um acidente quando se retiravam os últimos andaimes do palácio imperial, que estava quase pronto. Um acidente fatal.

A vida mudou por completo, mais uma vez. A herança que tinha era a casa e a dignidade. Já trabalhava como ajudante do pai na construção do palácio e manteve o trabalho como forma de sustento. Diplomatas e outros tantos nobres e políticos começavam a construir seus palacetes na cidade, e a procura por mão de obra era farta. Trabalhou e economizou o que pôde, mas adiou seu sonho, e o do pai, por mais de dez anos. Somente em 1873, com 30 anos, embarcou para a capital do Império para realizar seu propósito. Porém, alguns meses antes de partir, ao levar a roda de uma carreta para trocar o aro na melhor ferraria da região, descobriu que não partiria totalmente da cidade. Ana Maria passou à sua frente, carregando uma bilha com água para o pai e os empregados, e sua alma foi junto, imantada por sua beleza. Já ouvira muito falar da moça, tida como a mais linda da cidade, mas nunca tivera a oportunidade de vê-la tão de perto, muito menos trocar um olhar com ela. Seus olhares se tocaram como se fossem seus corpos, e o amor brotou em seus corações instantaneamente, como uma mina dágua que explode do chão. Em Petrópolis ficaria seu coração.

O pedido oficial para visitar Ana Maria foi feito poucos dias antes da partida. Lúcio de Castro levou ao Rio de Janeiro a resposta que seu pedido seria considerado, por ser um trabalhador reconhecido em seu meio e uma pessoa de passado ilibado. Nos anos de estudo que se seguiram, vira esporadicamente sua amada e o pedido de noivado viera nas últimas férias de verão do curso. A resposta de Herr Klaus foi sim, porém, com a condição de que marcariam a data do casamento somente após a conclusão dos estudos.

O curso estava concluído e era o dia 22 de dezembro de 1878, um domingo. Às duas horas da tarde, a carruagem que fazia a linha regular da estação da Raiz da Serra até Petrópolis parava no ponto à frente da casa Klaus, com sua ferraria ao lado. Embora mais uma vez emocionado pela diferença de temperatura entre a capital e a cidade serrana, Lúcio de Castro tinha o rosto molhado de suor ao bater à porta da frente da grande casa. O céu estava coberto por nuvens densas, que logo se derramariam em chuva pesada, e Lúcio estava aliviado por chegar antes da tempestade que se anunciava. Do outro lado da porta, com a respiração ofegante e sob o olhar severo de Frau Lilsa, Ana Maria esperava, quase em desespero, que a mãe a autorizasse abrir a porta. Contando alguns segundos mentalmente após a segunda batida, a mãe olhou para a filha e assentiu com a cabeça. O dever de abrir a porta era da mãe, mas a filha havia passado o dia anterior pedindo por este direito, no entanto, somente com a interferência sempre a seu favor de Herr Klaus, seu pedido foi aceito. Afinal, estavam noivos!

A porta abriu-se e seus olhos se encontraram no mesmo momento em que o primeiro raio iluminou o dia escurecido precocemente. Seus corpos se encontraram num abraço apaixonado no mesmo momento em que a chuva despencava bruta sobre a terra. Os noivos tiveram a certeza de que tudo aquilo era provocado por eles. O amor era tão forte que nem a natureza resistia. Seus corações disparados haviam causado o furor dos elementos. Frau Lilsa, feliz pela filha, permitiu aquela intimidade.

Capítulo 6

(...) Em março de 1852, instalado em sua casinha, recomeça seu curso, agora no segundo ano de Medicina, dos seis que precisa cursar, que para ele, "são uma eternidade". Nesse novo período é aprovado com a mesma nota do primeiro ano: *"Optima cum laude"*.

Se as notas se mantiveram em alta, o estado financeiro também evoluiu, pois, no final do seu segundo ano de Medicina, em novembro de 1852, ingressa como praticante interno no Hospital da Santa Casa de Misericórdia: "Onde seria estimado auxiliar do grande cirurgião doutor Manoel Feliciano Pereira de Carvalho(...)"

(Do livro *Os Bezerra de Menezes e o espiritismo*, de Jorge Damas Martins. Novo Ser Editora)

A fumaça do cachimbo do senhor Ataíde de Freitas embaçava o ar do grande escritório de João Nunes Severiano, rico fazendeiro do café da região de Resende, ao norte da capital. A lavoura do café ainda era o ouro-verde do Império e, embora a fazenda Boa Vista não fosse das maiores, a família Severiano havia conseguido acumular facilmente fortuna. João Nunes passava pouco tempo na corte, mas isso não o impedia de ter uma rica residência em São Cristóvão, onde costumava receber amigos e correligionários do Partido Conservador, do qual era membro efetivo, assim como o filho, Fábio Augusto Severiano.

O pai não estava. Não gostava da cidade, principalmente no verão, quando preferia ficar na fazenda, vindo para a capital somente em situações por demais importantes. Na verdade, Fábio Augusto morava sozinho na casa, com seu séquito de empregados, escravos e escravas, obviamente. Desde menino almejara morar na cidade e não na fazenda. Não gostava das lidas do campo e via nas ruas calçadas e movimentadas da capital o seu lugar. A rua do Ouvidor, com seus jornais e cafés, era seu paraíso diário. Logo que alcançou idade, veio ao Rio de Janeiro fazer os cursos preparatórios para, em seguida, cursar a Escola de Medicina. Porém, a vida boêmia era um constante entrave para os estudos, para desgosto do pai e, principalmente, da mãe, dona Hemengarda, sempre zelosa pelos filhos. Fábio Augusto era o primogênito e reinava absoluto no meio de mais quatro irmãs. Decidira pelo curso de medicina, principalmente para ter motivo de não voltar para a fazenda, alegando que um médico só tem futuro nos aglomerados urbanos.

Depois de completar o curso, seu pai insistira para que montasse clínica em Resende, mas Fábio foi irredutível em montar seu consultório na capital do Império, luxuoso ao exagero, onde pretendia atender a classe mais alta da população. No início do trabalho, o então jovem doutor Fábio Augusto Severiano até que granjeou alguma clientela, principalmente entre as damas da corte, que o procuravam mais pela sua fama de galanteador do que por seus dotes profissionais. Porém, o insucesso em vários tratamentos, além da constante ausência no trabalho devido às longas noitadas, logo deixou sua clínica vazia. Ao longo do tempo, muitas vezes tentou retomar o trabalho, mas a falta de pacientes bem como o desinteresse em trabalhar em um hospital público fizeram com que o doutor Fábio desistisse da profissão. Por influência do pai, que doava vultosas somas ao Partido Conservador, conseguiu uma posição na secretaria do mesmo. Como os dois partidos, Liberal e Conservador, se revezavam no poder, sazonalmente obtinha algum cargo público. Assim manteve-se no Rio de Janeiro, muito mais à custa do pai do que se mantendo por seus próprios recursos. Em 1878 e com 45 anos, com a volta dos liberais ao poder, seu único trabalho era manter encontros políticos infrutíferos e longas maquinações dentro do partido, sempre almejando recuperar o espaço perdido. Também cuidava da venda do café da fazenda, bem como era responsável pelo dinheiro aplicado nos bancos. Outra atividade que muito aprazia ao doutor Fábio Augusto eram seus casos amorosos. Muito bem apessoado e com uma aparência jovial, que não demonstrava seus 45 anos, mantinha casos com várias amantes, algumas até de renome na corte.

Ataíde de Freitas reacendeu o cachimbo, meio sonolento após o farto almoço, quando o negro Sebastião, que era o mordomo da casa, fez entrar ao escritório o jovem Aristides, secretário de Ataíde, que chegava um pouco afoito para dar as notícias, fonte da investigação encomendada por Fábio. Magro e um pouco arqueado, de rosto pequeno e cabelo loiro cortado muito curto, transpirava abundantemente sob o peso da casaca desbotada. Depois de rápidos cumprimentos, falou:

– O nome dele é Lúcio de Castro. Formou-se com louvor em engenharia pela Escola Politécnica e foi contratado pelo senhor Bezerra de Menezes... tão conhecido nosso – comentou, ao citar o nome, com um riso debochado no canto dos lábios – para trabalhar na Companhia Estrada de Ferro Macaé-Campos...

– Bezerra de Menezes! Novamente ele em meu caminho? Que destino é esse? – interferiu Fábio de maneira explosiva, causando surpresa em Aristides, que ficou sem saber o que dizer. Como não houve mais nenhum comentário, Ataíde de Freitas pediu:

– Vamos, continue.

Aristides tomou fôlego, mas, antes de continuar, olhou para a cadeira vazia a sua frente, esperando que Fábio o convidasse para sentar. O convite não veio. Respirou fundo mais uma vez, e continuou:

– É tido pelos colegas de trabalho como um trabalhador exemplar. Cumpre seus afazeres com rigor e, por isso, chega a causar algum constrangimento em alguns deles... o que ainda pode nos servir...

– Bezerra de Menezes! – voltou a falar Fábio, como se não tivesse ouvido as últimas palavras de Aristides. – Por que sempre ele? Mas, se foi ele o responsável pela contratação, temos que ver se foi tudo feito corretamente... Podemos ter um trunfo nas mãos...

– E o caro amigo imagina que o doutor Bezerra faria alguma coisa ilegal? – perguntou Ataíde de Freitas. – Temos vasculhado sua vida há anos, e nada conseguimos. Mesmo para difamá-lo em panfletos precisamos criar 'verdades' e gastamos fortunas com a *Revista Illustrada*[8] para que publicassem as charges sobre ele que convinham ao nosso partido.

– Um dia ele pisará em falso – protestou Fábio–, então estaremos atentos.

– Esse seu ódio não pode ter vindo somente do fato de o doutor Bezerra ter surrupiado seus eleitores nas vezes que tentou se eleger vereador por São Cristóvão – comentou Ataíde. – Isso parece vir de mais tempo... do curso de medicina, por acaso?

Fábio olhou para o detetive com algum desdém, mas demonstrou evidente incômodo com a pergunta. Aristides olhava para os dois e para a cadeira. Estava com as pernas doídas de tanto caminhar pela cidade para cumprir as ordens de Ataíde de Freitas e Fábio Augusto. Fábio recostou-se na sua cadeira e colocou os pés cruzados sobre a mesa, depois respondeu:

– Ele sempre foi um incômodo, mesmo para os outros alunos. A mania de perfeição, a ambição pela maior nota somente granjearam a ele antipatia...

– Talvez dos alunos... que eu saiba, os professores o estimavam muito... Depois de formado foi assistente de Manoel Feliciano Pereira de Carvalho, o patriarca da cirurgia... – atravessou Ataíde, para maior irritação de Fábio.

– Sabe-se lá o que fez para conseguir isso! Era um bajulador. Fazia de tudo para ser o queridinho dos mestres, mesmo que tivesse que passar por cima dos colegas...

– De todos os colegas?

– O que há? – perguntou Fábio, já exasperado, pulando da cadeira e ficando em pé atrás da grande mesa. – A intenção é me provocar? Se for assim, dispenso já seus serviços.

– Calma, meu amigo, calma. No meu trabalho preciso ter todo o tipo de informação possível. Não é à toa que o partido me considera indispensável, e você sabe disso. Se me contratou, tenha calma...

---

[8] A *Revista Illustrada* foi uma publicação satírica, política, abolicionista e republicana brasileira, fundada no Rio de Janeiro pelo ítalo-brasileiro Angelo Agostini, circulando durante os anos de 1876 a 1898. (Wikipédia com citação de fontes)

farei meu serviço com perfeição. Por isso, não se furte em me responder o que pergunto, mesmo que lhe desagrade.

Fábio, a contragosto, voltou a sentar, depois olhou para Aristides, que continuava de pé, e fez um gesto de impaciência, pedindo para que continuasse.

– Em pouco tempo de trabalho já foi elevado de cargo e, o que nos é mais importante, para desgosto do senhor João Matoso, engenheiro formado há muito mais tempo e que almejava o posto para o qual Lúcio de Castro foi designado. Com alguns copos de cerveja, consegui tirar dele todas as informações que trago...

– Eu conheço o senhor João Matoso – interrompeu Ataíde. – Está há anos no serviço público, sempre reclamando por promoções...

Depois de alguns segundos de silêncio, e quase em desespero por sentar-se, Aristides continuou:

– O senhor Lúcio de Castro viajou na manhã de domingo para Petrópolis. É noivo da senhorita Ana Maria Klaus, a quem deverá desposar em breve...

– O quê? – quase gritou Fábio, endireitando-se na cadeira. – Como obteve essa informação?

– Foi o João Matoso... – respondeu Aristides, com alguma hesitação na voz. – Foi ele que me disse... que o próprio Lúcio gostaria de voltar de lá casado...

– Mentira! Marcariam a data quando fosse para lá... a própria Ana Maria me disse. A família jamais permitiria isso... não antes de seis meses. Eu quero informações precisas, não suposições.

– No nosso trabalho as suposições têm um valor inestimável, caro amigo – falou Ataíde, voltando a acender seu cachimbo e irritando cada vez mais a Fábio.

– Então, é tudo que tenho para o momento – completou Aristides.

– Muito bem, caro Aristides – falou Ataíde –, cumpriu bem sua missão.

Depois, voltou-se para Fábio e perguntou:

– Acaso o doutor sabe quem é o presidente da Companhia de Estrada de Ferro Macaé-Campos?

– Não. Por que eu saberia?

– Como membro do partido, pensei que soubesse – respondeu Ataíde de Freitas, deixando claro sua reprimenda ao relapso doutor Fábio, que almejava algum posto político, mas pouco se dedicava a isso. Depois de deixar a observação no ar por alguns segundos, completou: – É o senhor Pereira Passos. Francisco Pereira Passos,[9] amigo do seu pai. Honesto, trabalhador... correto.

– É claro que sei quem é Pereira Passos. Quem não o conhece? Mas, se é mesmo correto, que valia tem ser amigo do meu pai? Deve algum favor a ele?

– Que eu saiba não, vem de família abastada. Sim, ele é correto e, aparentemente, insubornável... mas conheço alguns de seus assessores – falou com um sorriso o senhor Ataíde, a raposa, como era conhecido no Partido Conservador. Deixe-me fazer alguns contatos por estes dias e logo lhe passarei um panorama completo da situação, assim como meus custos por este serviço.

– Sabe que nunca discuti valores do seu trabalho, caro Ataíde. Apenas cumpra-o adequadamente que será bem remunerado.

[9] Francisco Pereira Passos (Piraí, 29 de agosto de 1836 – 12 de março de 1913, a bordo do navio Araguaia em viagem para a Europa). Engenheiro empreendedor que muito contribuiu para o desenvolvimento urbano do Rio de Janeiro, bem como para o sistema de transportes de sua época, juntamente com o Visconde de Mauá. Foi prefeito da cidade do Rio de Janeiro entre 1902 e 1906. A cidade do Rio de Janeiro antes dele era chamada de cidade da morte; depois do seu mandato, passou a ser conhecida como cidade maravilhosa (http://www.armazemdedados.rio.rj.gov.br/).

Capítulo 7

(...) Relembro que, em 1864, Bezerra de Menezes foi reeleito para um segundo mandato na Câmara Municipal para a legislatura de 1865-1869. Assim, com a dissolução da Câmara dos Deputados, ele prioriza o cargo de vereador e assume a Presidência interina da Câmara, posto que dava a ele o direto de administração da cidade do Rio de Janeiro, espécie de Prefeito dos dias atuais(...)

(...) Sabendo se beneficiar do vento que soprava a favor, aproveitou para se candidatar como Deputado Geral pelo Rio de Janeiro, em 1867, sendo eleito para a 13ª Legislatura de 1867-1870 (...)

Se de um lado o povo o legitimava, internamente no seu Partido Liberal, as adversidades eram titânicas. Sua honradez e honestidade, refletida na aceitação do povo, tiravam do jogo político nomes fortes, porém, com pretensões mal fundadas (...)

(Do livro *Os Bezerra de Menezes e o espiritismo*, de Jorge Damas Martins. Novo Ser Editora)

O primeiro dia depois do natal amanhecera quente e ensolarado, o que estimulou Lúcio e Ana Maria a um piquenique às margens do cristalino rio Piabanha. No meio da tarde os dois sentavam-se à sombra de uma quaresmeira e estendiam uma grande toalha no gramado, distribuindo os quitutes, juntamente com a conversadeira Zezé e Frau Lilsa.

– É pena que papai não pôde vir...

– Você sabe como ele é – argumentou Frau Lilsa – o trabalho sempre vem em primeiro lugar. Além do mais, com o movimento maior destes dias na cidade, há muito trabalho...

– Ele precisava descansar um pouco... Tenho notado que anda com a respiração muito ofegante... – falou Ana.

– O doutor Anselmo já me avisou que ele precisa cuidar do coração, mas todos sabem como é cabeça dura.

– Se ele fosse à capital, poderia consultar com o doutor Bezerra... – falou Lúcio.

– O santo? – brincou Ana Maria.

– Não deboche. Se você visse como fica lotado o seu consultório; se não fosse bom, estaria vazio...

– Ah, não duvido, meu querido... só fico ainda mais curiosa em conhecê-lo, a cada vez que o cita. Ele virá mesmo para o nosso casamento?

– Exceto que algum compromisso maior o prive. No início, achei estranha a maneira como se comportou ao receber o convite para ser nosso padrinho, mas logo descobri o motivo. O próprio José Guilherme, dono da farmácia, me falou: ele acha que um padrinho precisa dar um presente vultoso, e o nosso querido médico e deputado mal ganha para manter suas obrigações.

– Mas como um médico e deputado pode ser pobre? – perguntou Frau Lilsa.

– Quase tudo que ganha vai para os necessitados. E ainda assim sofre ataques sistemáticos de adversários políticos, que o acusam de roubo do dinheiro público. Alguns ainda falam que ele não rouba, mas permite que os correligionários o façam... Um grande absurdo!

– Papai diz que todo político é ladrão.

– Que é isso Ana? – protestou Frau Lilsa. – Isso não é maneira de se expressar. Deixe lá seu pai com suas implicâncias. Além do mais, assim insinua que o patrão do seu noivo é ladrão.

– Oh! Perdoe-me, Lúcio.

– Não se preocupe, querida. Até mesmo porque não posso advogar a favor dos outros tantos políticos do Império. No entanto, coloco minhas mãos no fogo em prol do doutor, e não apenas pelo que fez a mim. Sua história é repleta de casos de altruísmo extremo e situações que atestam sua honestidade. Se me permitem que lhes conte um que me tocou profundamente e que foi muito importante para um período difícil que vivi...

– É claro, querido.

Lúcio encostou-se à quaresmeira e ficou olhando as águas límpidas e ligeiras do Piabanha, com suas areias pardas aparecendo através da transparência da água e refletindo o sol da tarde, como se procurasse organizar as memórias, depois falou:

– Vou lhes contar um caso peculiar, escolhido entre vários, que mais demonstra a retidão de caráter dele. Encontrando-me um dia bastante preocupado com as dívidas, e sabendo que eu recebera resposta negativa de um banco ao meu pedido de empréstimo, por não aceitarem minhas garantias, contou-me essa história:

"Enquanto ainda solteiro, enamorara-se, como é comum aos jovens, de uma prima sua, a Gertrudinha. Recebeu então o convite para uma festa na casa de seu tio e pôs-se sonhar. No entanto, precisaria de dinheiro extra para comprar botinas, chapéu e para alugar um cavalo que o levasse e trouxesse. Em alguns momentos de maior aperto, havia recorrido ao seu alfaiate, que lhe socorria com quantias nunca superiores a trinta mil réis, que podia ser de seu alcance saldar. Este alfaiate tinha confiança nele, pois nunca deixara de pagar com correção e mensalmente pelas roupas que encomendava. Porém, desta vez precisaria de 50 mil réis para todas as despesas. Aflito e temeroso de uma recusa a seu pedido, relutou por muito tempo à frente da alfaiataria, até que, num arroubo de coragem, decretou seu '*alea jacta est*' e entrou. Ao perguntar pelo alfaiate, o caixeiro, que bem o conhecia, respondeu: – embarcou ontem para a Europa, mas, se precisa alguma coisa, posso chamar o contramestre..."

Lúcio interrompeu o discurso e observou a expressão das mulheres, vidradas em suas palavras e ansiosas para saber o fim da história. Diante dos gestos da noiva e de Zezé para continuar, sorriu e prosseguiu:

– Disse o meu amigo sentir no coração uma punhalada, que dissipou rapidamente o sonho de brilhar na festa e encantar os olhos da prima, mas que também acalmou imediatamente sua alma agitada, pois estava evitando passar uma vergonha por ter que pedir um empréstimo, assim como evitava de contrair uma dívida que seria pesada para saldar. Disse-me ainda que fazer dívidas vai se tornando um cancro de que poucos, quando se habituam a isso, conseguem se salvar. Também falou que dever a alguém, para quem se presa, é sempre uma escravidão moral que perturba a alma enquanto não se salda a dívida. Para mim, além de confirmar sua retidão de caráter, suas palavras me salvaram de problemas maiores, pois me bastou um pouco mais de disciplina para saldar todos os meus compromissos, sem que precisasse recorrer ao banco.

– Mas então ele não foi ver a prima na festa? Que pecado! – protestou Zezé.

– Mas manteve a honra ilibada, e isso está cada vez mais raro – comentou Frau Lilsa. – Não, se isso é mesmo verdade, esse homem jamais roubaria – completou.

– Tenho certeza de que é verdade, senhora. No meio político é muito mais fácil subir derrubando adversários do que trabalhando. Vejam que correm panfletos e artigos em jornais de segunda, caluniando meu amigo. Até mesmo foi divulgada uma caricatura de muito mal gosto, o que está muito em moda, do doutor vestido de salteador da Calábria, com o chapéu pontudo e o trabuco no ombro...[10]

– E como ele reage a isso? – perguntou Ana.

– Pelo que me diz o senhor José Guilherme, está cada vez mais desgostoso. Foi o tempo em que tinha mais fé que a política poderia construir uma sociedade melhor para o ser humano. Mesmo assim, procura não demonstrar abatimento e continua trabalhando, incansavelmente. Nesse grande médico, a única coisa que eu poderia questionar é a sua ligação com essa nova doutrina que diz ter contato com os mortos.

– Que horror! – protestou Frau Lilsa. – Não me diga que ele não é católico? Como vai ser padrinho do casamento assim?

– Não se preocupe, senhora, doutor Bezerra é católico. Porém, recebeu de presente de um amigo um livro que supostamente foi escrito por espíritos... e gostou. Disse-me não ter encontrado nada nessa nova doutrina que desarvorasse a fé cristã, muito pelo contrá-

---

[10] O termo salteador da Calábria é oriundo de romances que fizeram sucesso à partir do final do século XVIII, que utilizavam a figura de salteadores, mais especificamente nesta região da Itália (na ponta da bota), como um recurso literário, mas que, devido à popularidade, deixou a região tradicionalmente ligada a este tipo de figuras (http://www.edtl.com.pt).

rio. Para mim, no entanto, é uma doutrina de lunáticos, e lamento muito uma alma tão nobre se envolver com tais assuntos.

– Mas, se é uma alma nobre, não poderia ter ele razão? Já li algumas coisas sobre essa nova doutrina que veio da França...

– Já leu? Como isso é possível, minha filha?

– Ora, minha mãe, os jornais de papai ficam pela casa depois de lidos e vocês nunca se incomodaram por eu lê-los...

– Então vou me preocupar mais com eles. O que diria nosso pároco se soubesse que anda lendo coisas como essas?

– Concordo, Frau Lilsa. Há muita coisa mais interessante para ler.

– Acho tudo isso muito engraçado – falou Zezé –, os pretos falam com seus mortos e ninguém se incomoda... por que é que branco não pode?

Lúcio sorriu, mas não da opinião da moça, e sim pela sua maneira de falar. A família Klaus exigia que ela e Bentinho frequentassem a escola desde crianças.

– Venha, Zezé – falou Frau Lilsa –, vamos caminhar para deixarmos os noivos conversarem um pouco a sós e também mudarmos de conversa. Quero colher flores de manacá para a Igreja do Sagrado Coração de Jesus... Depois destes assuntos, creio que é preciso... E vamos deixar os mortos em paz...

O casamento ficara combinado para o mês de março do ano seguinte. Frau Lilsa e Herr Klaus queriam-no somente para junho, porém Lúcio alegou que já estavam noivos há dois anos, o que não justificava esperar mais tempo. Com o salário que recebia da Companhia de Estrada de Ferro, poderia alugar uma boa casa para começarem a vida, e prometia aos pais de Ana Maria trazê-la regularmente à Petrópolis, principalmente porque estava cada vez mais fácil subir a serra, com a rápida melhoria nos transportes.

Capítulo 8

Os primeiros dias do ano de 1879 foram agitados para Fábio Augusto. No dia 05 de janeiro, ele voltava para casa ao amanhecer, sem pressa, apreciando a manhã quente. A neblina embaciava a luz das lâmpadas à gás da rua, ainda acesas, e Fábio caminhava lentamente, pensando na vida. Pedira para o condutor da sege que o trouxera deixá-lo algumas ruas antes e entrava agora na rua Oliveira Fausto, onde morava. Gostava de caminhar um pouco antes de chegar em casa. A noite passada começara encontrando os amigos na rua do Ouvidor, de onde foram para o Alcazar.[11] A noite continuou em casas noturnas nada recomendáveis, onde os amigos foram se dispersando com mulheres ou dominados pela bebida. Fábio Augusto tinha suas muitas amantes, por isso dispensava as mulheres dos bordéis, embora gostasse de frequentá-los. Também nunca bebia a ponto de perder o senso. A única coisa que o levava para casa era o sono, que sempre tardava, mas que agora começava a incomodá-lo, à medida que se aproximava da casa. Seu pensamento tentava focar em política, ou em alguma de suas amantes, porém, voltava intermitente ao alto da

[11] A vida noturna na cidade do Rio de Janeiro nunca mais seria a mesma desde a virada de 1860, quando, à rua da Vala (atual Uruguaiana) números 47, 49 e 51, foi aberta uma nova casa de espetáculos: o Alcazar Lírico. Diversão para muitos, maldição para outros, ele ficaria imortalizado nas crônicas sobre a cidade pela beleza das mulheres que se apresentavam em seu palco e pela introdução de um teatro de variedades, inspirado na obra de Offenbach. Os números de canto e dança seriam eternizados pelas melodias oferecidas ao público (http://www.forumrio.uerj.br/documen-tos/revista_20-21/Cap-5-Lena_Menezes.pdf)

serra, parando na entrada de Petrópolis. Batia à porta e esperava aflito que Ana Maria a abrisse. Desde que a conhecera, e encontrara nela uma resistência inesperada, não parara mais de pensar. Sabia que se sentia de maneira parecida com toda mulher que lhe oferecia alguma resistência, porém, com Ana Maria havia algo de novo no ar.

Fábio Augusto estivera próximo do casamento por duas vezes, com moças muito bem recomendadas, mas não conseguiu se convencer a mudar de vida, cancelando os dois compromissos, para alvoroço da sociedade carioca. O tempo passara e ele já havia pensado algumas vezes nesta possibilidade. É claro que a filha de um ferreiro alemão não era uma opção que passaria incólume pela família. Muito melhor seria tê-la como amante, no entanto, por mais que já estivesse acostumado às mais impossíveis conquistas, sua intuição lhe dizia que Ana Maria não se prestaria a esta situação. Casamento! Será que ter visto uma mulher apenas duas vezes poderia ter deflagrado nele tamanha paixão, a ponto de considerar a ideia de pedir-lhe a mão? Havia ainda o contratempo do noivo, mas este estava sendo investigado meticulosamente por seus detetives e, por certo, alguma coisa encontrariam na sua vida privada que pudesse desbancá-lo. Então, como um ferreiro recusaria o pedido de um Severiano, filho de um barão do café?

Aproximava-se da casa ainda perdido em elucubrações e começando a ficar irritado com o sono que o dominava, quando percebeu que havia um negro dormindo, recostado ao portão de entrada. No primeiro momento pensou que era um vagabundo qualquer e preparou-se para expulsá-lo, porém, quando chegou mais perto, descobriu que quem estava ali era o Januário, escravo de confiança da fazenda do pai. Januário cuidava principalmente das montarias, carroças e carruagens. Jovem e vigoroso, nascera na fazenda e fora escolhido por dona Hemengarda, mãe de Fábio, para trabalhar ao redor da família, dando a ele cuidados que o fizeram um servidor fiel e agradecido.

Com a ponta da bengala cutucou o negro, fazendo-o pular assustado. Num salto, pôs-se em pé e logo segurou Fábio Augusto pelos braços, causando rápido mal-estar no mesmo, que não gostava do contato com os escravos:

– Sinhô... uma tragédia... Tô esperando desde ontem pelo sinhô... Uma tragédia sinhô...

– Calma, Januário. Assim não vai nem conseguir me contar que tragédia é essa.

– Tem que vir agora, sinhô... Seu pai...

– O que tem meu pai?

– Ele morreu, sinhô... morreu ontem... Tava na mesa do almoço quando se sentiu mal... Uma tristeza sinhô. A gente já devia tá lá de volta...

Imediatamente o mundo rodou na cabeça de Fábio Augusto. Nunca mantivera uma relação carinhosa com o pai, que era severo no trato, mas sempre fora tão austero e de boa saúde, que a ideia da morte deste jamais lhe ocorrera. Aturdido com a notícia, deixou Januário e entrou na casa. A noite insone pesava-lhe agora nas decisões e a vontade de chorar misturava-se com a revolta contra aquele destino impiedoso, que não lhe dera nem a chance de se preparar para uma tragédia de tamanha grandeza.

Sebastião, o mordomo, havia mandado procurar por Fábio em muitos lugares, até que desistiu, porém já havia deixado preparadas sua mala e a carruagem para a viagem. Ainda aturdido, não entendeu direito quem era aquele negrinho que lhe chegava na sala com um bilhete nas mãos, e que só chegara sozinho até ali devido à confusão instalada. Abriu o bilhete e leu maquinalmente, demorando a sintonizar com a realidade. Somente ao ler quem assinava encontrou-se e releu.

...Peço-lhe desculpas por estar perturbando seu sono matinal, pois sei que nesta hora deve estar repondo as energias gastas em mais uma de suas noitadas. Mas o assunto que me fez escrever este é da mais alta importância para o nosso futuro. Creio que logo saberá pelos jornais. Preciso que me encontre imediatamente, no local de sempre. Por favor, não se demore.

Afrodite

Afrodite era o nome de sua principal amante. Era a senhora da corte a qual acompanhara recentemente ao palácio de verão de Petrópolis. Casada com um fazendeiro de São Paulo que, por ela, transferira residência para o Rio de Janeiro, deixando os negócios quase totalmente nas mãos dos filhos. Viúvo e bem mais velho, fez de tudo para levá-la ao campo, mas Sofia, seu verdadeiro nome, jamais se submeteria à vida longe da cidade. Também viúva de um barão do café fluminense, pelo título tinha acesso livre à corte e seus saraus, festas e intrigas. Desta maneira, o marido precisava ausentar-se com alguma frequência para São Paulo, deixando-a livre pra seu romance, já não tão secreto, com Fábio Augusto.

Diante do olhar especulativo do negrinho que trouxera o bilhete e que esperava uma resposta, ou mesmo uma recompensa, irritou-se e expulsou-o de casa aos gritos. Já não bastava a tragédia instalada em sua família? Amassou o bilhete e jogou-o a um canto. Recusou o café da manhã posto à mesa por Sebastião e embarcou na carruagem, que já o esperava na frente da casa.

Afrodite, ou Sofia, ao ser informada pelo mensageiro da atitude do amante, ficou ainda mais descontrolada que este e expulsou também o negrinho mensageiro aos gritos e batidas de leque em sua cabeça. Mas não teve tempo de alimentar o ódio, pois logo começaram a chegar à casa os parentes e amigos, para prestar suas condolências pela morte do marido, que há poucos dias tinha seguido de trem para sua fazenda, no vale do Paraíba. Nas primeiras horas do dia, recebera o telegrama mandado por um dos filhos, informando o ocorrido e solicitando sua presença urgente.

Afrodite agora era uma mulher livre e, se tudo corresse como imaginava na leitura do testamento, ainda mais rica. Que hora para seu amante tratá-la com tanto descaso!

Capítulo 9

Petrópolis, 28 de janeiro de 1879.

Querido Lúcio, meu noivo

Estamos todos felizes com a visita do seu amigo, o doutor Bezerra de Menezes. Foi com grande alegria que o recebemos em nossa casa e pudemos constatar a veracidade de tudo que nos tem falado sobre ele. Realmente sentimos muito que tenha ficado tão pouco. Alegando sempre que não pode deixar seus pacientes sem atendimento, partiu já na manhã seguinte à reunião do Partido Liberal da cidade. Disse ele que tentou mesmo que meu noivo o representasse, mas sua afiliação muito recente ao partido impossibilitou essa tentativa. A alegria seria realmente completa se pudessem vir os dois, mas isso, sabemos que não tardará acontecer, não apenas no dia do casamento em que o doutor será padrinho, mas também em futuras visitas, que estimo possam ser frequentes. Papai e mamãe ficaram imensamente impressionados com seu grande amigo. A generosidade se espalha à sua volta com tanta facilidade que todos nos sentimos elevados com sua presença. Estou muito feliz que o tenha escolhido como padrinho.

Da sua noiva

Ana Maria

Capítulo 10

(...) Do universo da política, depois da queda dos liberais em 1868, o doutor Bezerra se afasta, não se candidatando para a vereança no exercício de 1869-1872, mas dinâmico, não deixou de servir ao país. Nos fins de 1869, se valendo dos investimentos no desenvolvimento das estradas de ferro no Brasil, ele vai atuar nessa área, criando fortuna pelo trabalho digno, mas enfrentando dificuldade de entrave político que ruirá seus haveres, duramente conquistados. Vamos a um pouco de história:

Inicialmente foi criada a lei nº1.464, de 19 de novembro de 1869, que permitia a construção da estrada de ferro e, para construí-la e explorá-la, foi fundada a Companhia Estrada de Ferro Macaé e Campos. O doutor Bezerra foi um dos seus fundadores.

Em 3 de fevereiro de 1870, a companhia recebeu uma concessão com privilégio de 50 anos para a navegação a vapor entre o porto do Rio de Janeiro e o de Imbetiba, em Macaé. Este último, à época, constituía-se no quinto porto em volume de movimentação no país(...)

(...) ele e seus sócios resolveram investir na construção da via férrea de Santo Antônio de Pádua. Para explorar a concessão foi criada a Companhia Estrada de Ferro Santo Antônio de Pádua. Em 19 de novembro de 1884, por escritura, a Companhia foi vendida para a Estrada de Ferro Macaé e Campos, que, no final da década de 1880, também foi vendida para a Companhia Estrada de Ferro Leopoldina.

O resultado final de todo esse investimento do doutor Bezerra foi frustrado, como esclarece o pesquisador Sylvio Brito Soares: "Rivalidades, movidas por interesses pessoais, tolheram-no no desenvolvimento daquele grandioso plano".

Por trás dos negócios moviam-se perseguições políticas. (Do livro *Os Bezerra de Menezes e o espiritismo*, de Jorge Damas Martins. Novo Ser Editora)

Petrópolis, 08 de março de 1879. Domingo.

A família Klaus estava em silêncio. Pai, mãe e filha, sentados à sala de visitas da casa esperavam, contrafeitos, a visita anunciada no dia anterior. Fora Magé quem viera, no sábado, trazer o bilhete do doutor Fábio Augusto, anunciando a visita para o dia seguinte, as dezesseis horas, sem especificar o assunto. Em poucas palavras escritas, ele deixara o rastro de sua soberba: apenas avisara que chegaria em tal hora, sem se importar se os anfitriões poderiam ou não recebê-lo.

Depois da morte do pai, Fábio passara várias semanas prostrado na fazenda. Não voltara ao Rio de Janeiro, embora o protesto de várias de suas amantes que lhe escreviam, principalmente de Sofia, a principal, que estava indignada com sua ausência e achava fútil a justificativa da morte do pai. Seu argumento era que a vida os chamava, agora libertos para o amor. Ela estava rica e ele também, então, por que esperarem?

Fábio desdenhava da amante. A morte do pai fora um abalo profundo nas suas convicções. Perdera repentinamente sua base e agora a vida lhe chamava para as verdadeiras responsabilidades. A mãe, dona Hemengarda, mesmo ciente que poderia tocar sozinha a fazenda, pois nunca se acomodara em ficar apenas à sombra do marido, ficara feliz em ver no filho uma nova disposição, por isso deixou a encargo dele a administração dos negócios. Na fazenda moravam duas filhas, e os genros já trabalhavam com o falecido marido na produção e comércio do café, por isso ela sabia que não ficaria ao desamparo. Mesmo assim, quase dois meses se passaram sem que Fábio tomasse alguma iniciativa concreta, indisposto que estava em decorrência da tragédia familiar.

Neste tempo, o filho varão refletiu muito. Era hora de mudar. Abandonaria a vida dissoluta, as noitadas, os teatros pouco recomendados, as casas de má fama e, principalmente, as amantes. Tomaria uma posição mais sólida no Partido Conservador, ocupando naturalmente o lugar do pai. Os cunhados cuidariam da produção do café, já que disso ele quase nada entendia, mas ele seria responsável pelo comércio, o que já fazia em parte, mas sempre orientado pelo senhor João Nunes Severiano.

As irmãs estavam casadas. Das duas que não moravam na fazenda, uma era esposa de um embaixador inglês e morava na capital, embora quase nunca a visse; outra morava em São Paulo, casada com um banqueiro. Todas estavam muito bem encaminhadas e não lhes causavam nenhuma preocupação. A preocupação da família, na realidade, era ele. Era hora de mudar. Depois de quase dois meses da morte do pai, chegou à conclusão de que não havia como efetuar dignamente essa mudança sem estar casado e, dentre todas as moças casadouras que lembrava, nenhuma lhe causava boa impressão, ou vontade de firmar compromisso. Nenhuma?

Ana Maria não era uma dessas moças e, pior, estava prestes a casar. Recebera alguns relatórios do senhor Ataíde de Freitas sobre os noivos, por isso sabia que o casamento estava marcado para o dia 22 de março, portanto, em pouco mais de duas semanas. Quando soube disso, partiu imediatamente da fazenda para Petrópolis. Acabou sabendo que sua amante estava na cidade tão logo chegou, porque mal se instalara em sua casa e já recebera um bilhete, trazido por Magé. Aproveitou a presença da mucama e, gratificando-a em troca do seu silêncio, mandou-a para a casa Klaus, com outra mensagem.

Não fora ao sarau do sábado no palácio de verão, onde Sofia o aguardara aflita. No domingo, pontualmente bateu à porta da casa Klaus. A família, lá dentro, se entreolhou com alguma aflição. O que significava aquela visita? Ana Maria sabia, por mais inusitada que fosse a situação.

Na semana anterior havia recebido uma carta de Lúcio, na qual ele explicava sua surpreendente transferência e promoção. Estava sendo contratado pela Companhia Estrada de Ferro Leopoldina, como chefe regional da cidade de Leopoldina, nas Minas Gerais. O salário era bem maior, mas, em compensação, teria que trabalhar longe do Rio de Janeiro. Os noivos não sabiam, mas a trama fora engendrada pelo senhor Ataíde de Freitas, que inicialmente tentara apenas a demissão do jovem engenheiro, usando seus contatos com os assessores do presidente da Companhia Estrada de Ferro Macaé e Campos, Pereira Passos. Porém, Ataíde de Freitas, atuando na surdina, esbarrara num dos diretores da empresa, o senhor Bezerra de Menezes. Como não conseguiu o intento inicial, articulou para que

Lúcio fosse transferido para longe da capital, sendo contratado por outra companhia, que mantinha relações cordiais com a Macaé e Campos. Novamente o senhor Bezerra de Menezes, atento já à situação e entendendo que as tentativas de prejudicar Lúcio vinham de colegas enciumados da sua competência, tratou de conseguir para ele uma boa posição no novo emprego. Lúcio recém filiara-se ao Partido Liberal e entendia o senhor Bezerra que a força política dos oponentes era grande, por isso manter o promissor engenheiro na cidade causaria a este desgastes desnecessários. Se o mesmo produzisse um bom trabalho estando fora, e tinha certeza disso, em breve tempo poderia voltar ao Rio de Janeiro em situação ainda melhor, mais protegido das picuinhas políticas e da concorrência desleal dos companheiros de profissão.

Mesmo assim, Lúcio e Ana estavam aturdidos com a nova situação. Não estava em seus planos um começo de vida conjugal tão conturbado. Lúcio viera à Petrópolis no final de semana anterior e, depois de muito conversarem, mantiveram o firme propósito de não alterarem a data do casamento, o que era o intento de Ataíde de Freitas quando não conseguiu a demissão de Lúcio. Se transferissem a data, seu cliente teria mais tempo para agir. Casariam e Ana moraria provisoriamente com os pais, em Petrópolis, já que a casa era grande e comportaria a nova família que se formava. Lúcio, agora com uma remuneração elevada, viria com mais frequência.

As notícias corriam rapidamente por telegramas e através da rápida Magé, que, em troca de uma boa gratificação, jogava nos dois lados da trama, colhendo informações diretamente de Ana, de quem se fizera amiga desde o incidente com Juca.

Ainda irritado com a não alteração da data do casamento, Fábio Augusto esperava que a porta da casa Klaus se abrisse. Queria ter ganhado tempo suficiente para fazer-se mais presente na vida da família e, principalmente, de Ana. A revolução interior que havia se processado nele justificava o intento de casar com uma mulher já prometida em casamento a outro. Agora queria ser um homem responsável, e chegara mesmo a rezar a Deus, pedindo que fosse ajudado nos seus propósitos. Naquela manhã, havia ido à missa na igreja do Sagrado Coração de Jesus, onde vira a família Klaus, mas mantivera discreta e intencional distância. Primeiro porque queria deixar o assunto que ali o trazia somente para aquele momento; segundo porque não lhe cairia bem, de repente, estar se relacionando com uma família que não era da corte. Além do mais, sua amante também estava na missa e logo seu desenfreado ciúme descobriria o que estava acontecendo, já que percebera anteriormente o interesse de Fábio em Ana Maria. Ao final da missa, ausentara-se apressado, aumentando ainda mais o já desesperado rancor da amante.

Pela primeira vez em sua vida, Fábio Augusto assistira a uma missa, realmente compenetrado. Havia se confessado com o padre em Resende, após a morte do pai. Recebera a hóstia naquele domingo como se esta fosse uma troca com Deus para que seu pedido fosse aceito. Não era ele o filho pródigo? Como o Pai poderia negar recebê-lo no rebanho das almas regeneradas?

A porta se abriu, finalmente, e Frau Lilsa pediu para que entrasse. Ao ser recolhido à sala de visitas, cumprimentou formalmente Frau Lilsa e a filha, antes de dirigir-se ao chefe da casa, com quem travou uma conversação amena por um quarto de hora, puxando por assuntos triviais. Frau Lilsa serviu a eles um licor de jenipapo, mas, mesmo assim, o assunto esmoreceu espontaneamente. Então o gigante Amadeu Klaus, impaciente com a situação e não afeito às etiquetas, perguntou, bruscamente:

– Qual o real motivo de sua visita, doutor?

– Se as senhoras não se incomodam, gostaria de lhe falar em particular.

Novamente a família se entreolhou com alguma perplexidade, mas logo Frau Lilsa levantou e levou a filha, como era recomendado. Então Fábio Augusto, com uma postura firme, alicerçada pela soberba da diferença de classes que entendia haver naquele momento, aproveitando por ter se levantado com a saída das senhoras, caminhou um pouco pela grande sala, antes de falar:

– O assunto que me trás aqui é grave e urgente, senhor Klaus.

– Gostaria que fosse direto a ele, sem rodeios.

– Perdoe-me, mas, antes de lhe falar, preciso lhe colocar a par dos fatos...

– Fatos?

– Sua filha vai realizar um mau casamento, senhor.

A revolta contida por aquela visita inconveniente explodiu imediatamente no interior do senhor Amadeu. Foi com dificuldade que se conteve, mas sentiu seu coração batendo forte e o rosto corar.

– O que tem o senhor a ver com o casamento da minha filha? – conseguiu falar, contendo o volume da voz.

– Não se precipite, por favor. Logo chego a esse assunto. Como o senhor deve saber, sou membro atuante do Partido Conservador. Infelizmente, no meio político, é preciso estar atento e seguir os passos dos nossos adversários, sempre pensando, é claro, nos interesses coletivos... sempre será o dever da oposição fiscalizar... Bem, o fato é que acompanhamos de perto muitos adversários e, por isso, acabamos descobrindo que seu futuro genro se aliou a uma pessoa de índole duvidosa: o deputado Bezerra de Menezes. Este senhor subiu na política apenas pensando em seus próprios interesses. Chega a manter uma vida de aparências, sem posses, embora todos saibam que usa de amigos para roubar dos cofres públicos. Com certeza já guarda uma grande fortuna, para usar em futuro próximo...

Fábio Augusto falava com tanta naturalidade e firmeza, que pegou de surpresa Herr Klaus, que achava mesmo que todo político era ladrão, porém, o fato de ter conhecido pessoalmente o doutor Bezerra há tão pouco tempo e se impressionado positivamente com ele somente contribuía para se irritar cada vez mais com seu visitante. Depois da visita do médico, passou a acompanhar com mais interesse seu desempenho político e ficava já indignado com os ataques maldosos que o mesmo sofria. Cada vez mais ficava confuso com a visita e as intenções do doutor Fábio. Este, por sua vez, já saboreava o impacto das palavras. Pensava que estava ganhando terreno, por isso fizera uma pausa mais longa para que a intriga percorresse seus caminhos naturais na mente do alemão, atraindo-o para seu intento. Depois de sentar-se novamente, e com ar de solicitude, continuou:

– É claro que, num primeiro momento, Lúcio de Castro pode ser visto apenas como um beneficiário das falcatruas desse médico astuto, o senhor Bezerra. Isto ninguém pode condenar, afinal, seu futuro genro é um engenheiro competente e todos querem subir na vida. Porém, os últimos acontecimentos já mostram que ele foi contaminado por esse mal que se infiltra com tanta facilidade na alma dos mais incautos: a ânsia pelo poder e pelo dinheiro. O senhor Lúcio de Castro, por interferência do deputado Bezerra de Menezes, foi contratado para trabalhar na Companhia de Estrada de Ferro Leopoldina. Pode parecer uma contratação natural, mas não o é. Bezerra de Menezes usou de suas falcatruas convencionais e, como esta companhia teme perder o protecionismo do Partido Liberal, agora no poder, aceitou contratar seu futuro genro com um salário absurdo. Tivemos informações de que esse salário é o triplo do que o cargo comporta, e que mais da metade desse dinheiro vai parar nos bolsos do nobre deputado que o apadrinha. Coisas do poder...

– Ainda não entendi seus interesses em minha casa, doutor Fábio – protestou Herr Klaus. O discurso de Fábio passara da conta. Mesmo ciente de que tudo o que falava poderia ser verdade, por ser comum ao meio político, voltara a se irritar com aquela visita e queria urgentemente encerrar a conversa.

– Ele vai ser demitido em breve – respondeu Fábio, dando ares de estar encurtando o assunto. Depois de medir novamente o impacto de suas palavras, continuou:

– E vai ser processado, juntamente com o doutor Bezerra. Estávamos esperando há muito por esta oportunidade, e agora ela veio, infelizmente através do seu futuro genro. Temos as provas... porém, como o senhor sabe, a corda costuma estourar sempre do lado mais fraco... O primeiro a ser alcançado pela justiça, certamente será Lúcio de Castro.

– Vamos, doutor, diga logo o que quer... – falou novamente Herr Klaus, no limite da impaciência e sentindo o coração bater cada vez mais forte, tendo até a impressão de que suas batidas ecoavam pela casa.

– Como ficará a situação de sua filha, casada com um corrupto condenado?

– O que quer, doutor Fábio? – falou o anfitrião levantando da sua cadeira, com a voz alterada e perdendo de vez a paciência.

– Por favor, se acalme, estou aqui na melhor das intenções, será que não entende isso? Vamos, meu senhor, tenha o obséquio de sentar-se, para que possamos terminar dignamente nossa conversar –

falou Fábio, fazendo Herr Klaus sentar novamente. – Eu tenho uma proposta muito séria a lhe fazer e que, tenho certeza, será de muita boa ventura para sua família, principalmente nesta situação.

Fábio Augusto levantou e encheu o cálice de Herr Klaus novamente, com o licor trazido por Frau Lilsa. Esperou que este bebesse, o que fez num sorvo só, depois falou, com calma e cordialidade:

– Desde que vi sua filha, no dia daquele infeliz acidente, não sou mais a mesma pessoa, Herr Klaus. Chego a agradecer aquele cocheiro desafortunado pelo acidente, pois o mesmo me deu a oportunidade de conhecer Ana Maria. Não, não pense que estou apaixonado. Embora ainda não seja um velho, já deixei para trás o tempo as paixões. O que vi em sua filha vai muito além disso. Vi dignidade e caráter, além da beleza. Esta associação é rara, principalmente no meio em que vivo. Recentemente perdi meu pai, infelizmente, talvez o senhor o saiba. Este fato, embora seja uma tragédia, aumentou em muito minha fortuna pessoal, o que me faria um marido atraente para a maioria das mulheres da corte. No entanto, não vejo em nenhuma delas o que vi em Ana Maria...

– O senhor mal a conhece – atalhou Herr Klaus, agora certo do motivo que trazia Fábio Augusto à sua casa.

– Sou um homem experiente, meu caro. Assim como vejo facilmente a vilania de um Bezerra de Menezes, vejo a grandeza da família Klaus. Sua filha não pode ser diferente... Bem, para encurtar o assunto, embora sua importância, quero lhe dizer que estou disposto a superar as barreiras sociais que nos distinguem e pedir a mão de sua filha em casamento...

Um silêncio pesado espalhou-se pela casa. Amadeu Klaus teve a impressão de que até mesmo os pássaros haviam parado de cantar no jardim, diante daquelas palavras. Superar as barreiras sociais que os distinguiam? Que soberba! Que petulância! Porém, que dura realidade! Mas uma realidade que mais irritava Herr Klaus, principalmente diante da proposta de Fábio, que continuou, diante do silêncio do anfitrião:

– Diante da situação melindrosa, não espero do senhor nenhuma resposta imediata, obviamente. Mas quero que veja as imensas vantagens de sua filha com essa união e, por que não dizer, da família toda. Eu dispenso o dote, não me é necessário, e ainda assim darei a ela uma vida de conforto que jamais teria desposando seu atual noivo, principalmente com o futuro que lhe espera para breve. Pense, senhor, pense com cuidado em minha proposta. Pense como um pai que ama sua filha e só lhe quer bem. Não permita esse casamento, que muito desgosto ainda lhe trará. Se assim o fizer, esperarei o tempo que for necessário.

Terminou de falar já na porta da sala, que dava para o átrio de entrada. Vestiu seu chapéu e, sem esperar pelo dono da casa, dirigiu-se à saída. Herr Klaus ficou estático, sentado sozinho na sala. Não teve a mínima vontade de conduzir a visita à saída. Queria que nada daquilo tivesse acontecido. Repentinamente uma tempestade medonha se formara sobre sua casa, que até aquele dia vivera em paz, sob um céu sem sustos. Com o passar dos minutos, sua mente ia dissecando os interesses do doutor Fábio. Inteligente, logo compreendera a extensão dos fatos. Poderia ser verdade o processo contra o deputado, doutor Bezerra de Menezes, amigo do futuro genro e que o atingiria como cúmplice? Certamente. Por mais que tivessem ficado encantados com a visita deste, foram apenas dois dias de convívio. No entanto, também era certo que a acusação contra ambos não viria por outra razão senão os interesses deste famigerado cortesão, Fábio Augusto Severiano.

À medida que o raciocínio do pai de Ana Maria clareava a situação, seu ódio aumentava. Ouvia o coração batendo forte e uma dor de cabeça gigantesca se apoderou dele, embotando rapidamente o próprio raciocínio. Puxava o ar com dificuldade, mas sentia que ele não era suficiente, até que a sala começou a rodar.

Frau Lilsa esperava impaciente atrás da porta da sala, e Ana Maria chegara até ela, abraçando-a ternamente. Ambas esperavam que Herr Klaus as chamassem, quando ouviram o som surdo de um corpo pesado caindo no chão de madeira.

Capítulo 11

A notícia da morte de Herr Amadeus Klaus voou como o vento. Em pouco tempo toda a cidade estava sabendo do ataque fulminante do coração que levou de Petrópolis um cidadão querido por todos. Uma multidão logo se reuniu em torno da casa e as especulações sobre o motivo do ataque corriam soltas. Tão logo doutor Antunes confirmou a morte, mesmo com o coração despedaçado, Frau Lilsa reuniu a filha e os empregados.

– Neste momento só tenho uma coisa a lhes pedir: em hipótese alguma a visita que tivemos hoje pode ser comentada. Se isso acontecer, não sei qual será a reação de Lúcio. Já basta uma tragédia.

O raciocínio objetivo de Frau Lilsa estava sempre adiante no tempo. Torcia para que ninguém mais soubesse que Fábio Augusto havia feito aquela visita, da qual ela ouvira toda a conversa, com o ouvido colado na porta da sala. Não era apenas curiosidade, era o cuidado natural de uma mãe e esposa atenciosa. O que diriam a Lúcio sobre o visitante? Por que tinha vindo à casa Klaus e que assunto assim tão grave conversou com o marido, para causar tão grande comoção? Qual seria a reação do genro? Vingança? Iria tirar satisfações com um cortesão que se mostrara venenoso como uma serpente? E, o que era ainda pior: poderia Lúcio supor que havia alguma ligação anterior entre Ana Maria e Fábio Augusto?

Ana Maria estava em estado de choque e agia maquinalmente. João Bento e Teresinha, os escravos alforriados por Herr Klaus, trabalhavam rapidamente na organização do funeral, embora com os rostos encharcados de lágrimas. Zezé postou-se ao lado de Ana Maria, a pedido de Frau Lilsa, e procurava ajudá-la nas mínimas coisas. Um telegrama fora mandado a Lúcio e o padre já rezava ao lado do caixão, quando Magé bateu à porta da casa de Fábio Augusto, tarde da noite, para dar a notícia.

Desde que chegara em casa no final da tarde, estava dormindo, com a consciência aliviada por ter agido enquanto era tempo. A agonia que fora tomado nos dias que antecederam sua vinda a Petrópolis agora era substituída por uma sensação de regozijo. Saíra da casa Klaus convicto de que tinha vencido um embate imaginário com o destino e desta vitória resultaria seu casamento com Ana Maria, mesmo que isso demorasse algum tempo.

Depois de muito insistir, batendo na porta dos fundos, Fábio Augusto abriu a porta. O casal de negros que cuidava da casa de Petrópolis já havia se recolhido à casinha no fundo do terreno. Quando viu quem era, ficou irritado:

– O que quer, negrinha?

– O sinhô não me pediu pra avisá o que se sucedesse de novo e que fosse importante pra vosmecê? Então...

– E o que de tão importante pode ter acontecido para vir me importunar assim, tarde da noite?

– O sinhô não sabe não? O alemão morreu...

– O quê?

– O alemão que vosmecê foi visitá hoje... morreu de ataque...

– Que horas foi isso?

– Tão dizendo que foi no fim do dia... deve de ter sido depois que vosmecê saiu...

– Saiu de onde? Quem disse que eu estive lá? – falou Fábio, puxando a carteira e colocando na mão da Magé um maço de dinheiro, que o recebeu com os olhos arregalados. – Eu não estive lá, ouviu? E se alguém comentar que estive, você perde a língua, pois foi só você que imaginou tamanho despautério... Agora vá embora... só volte se tiver alguma notícia importante...

Fábio Augusto bateu a porta com Magé ainda parada na soleira. Como podia ter acontecido isso? Jamais lhe passara pela cabeça tal situação? E agora? Poderia ser acusado de alguma coisa? É claro que não, fora apenas fazer uma visita. Quando muito teria que revelar o motivo, e pedir a mão da filha de Herr Klaus em casamento não era nenhum crime. Será que a família contaria que esteve lá?

Durante a vida, Fábio Augusto fora cuidadoso com escândalos. Suas aventuras amorosas sempre foram cercadas de extremos cuidados. Embora não se importasse em ter fama de conquistador, até mesmo se envaidecendo disso, também não gostava de ser visto como um folgazão irresponsável. Sempre teve pavor da culpa e, contra ela, sempre fora rápido em achar razões que coonestassem qualquer erro cometido. Que erro cometera agora? Nenhum.

Lúcio chegou no meio do dia seguinte, ainda incrédulo. Somente a presença do corpo dentro do caixão, no meio da sala, o fez acreditar que aquilo realmente havia acontecido. Quando Ana Maria o viu, parece que finalmente as comportas que represavam toda sua dor se abriram. Chorou longamente no ombro do noivo, o que ainda não tinha feito à vontade, pela necessidade de se manter forte diante da situação desesperadora. Lúcio nada disse. Apenas acolheu sua mágoa e conteve-se para que seu pranto não fosse ainda mais intenso que o da noiva.

Uma multidão acompanhou o féretro até o cemitério. Na volta para casa, Frau Lilsa recebeu de um secretário do Império uma carta de condolências escrita pelo próprio Imperador, que ainda demorava-se na cidade, retardando sua volta ao Rio de Janeiro. Todos sabiam do apreço deste com a comunidade germânica da cidade.

Os primeiros dias foram de uma tristeza sem conta na casa Klaus. A ferraria permaneceu fechada a semana toda. Lúcio, que em breve assumiria seu novo emprego em Leopoldina, precisava voltar ao Rio de Janeiro. Antes de partir, reuniu mãe e filha para uma conversa.

– Embora a tristeza que nos toma, precisamos falar do casamento – falou.

– O casamento não deve ser desmarcado – falou Frau Lilsa, com segurança. – Mais do que nunca nossa família precisa estar amparada e espero que possamos contar com o senhor.

– Era justamente essa minha intenção, senhora. Porém, preocupa-me sobremaneira deixá-las sozinhas, sem a presença protetora de Herr Klaus.

– Estaremos protegidas pelo trabalho, caro Lúcio. Não pretendo fechar a ferraria, mesmo porque, precisamos trabalhar para viver.

Amadeu nos deixou um bom pecúlio, mas não podemos sobreviver dele indefinidamente.

– Logo estarei em condições de abrigá-las, também financeiramente – falou Lúcio, com convicção.

– Espero que isso nunca seja necessário. Sempre fomos orgulhosos do nosso trabalho, desde que chegamos neste país. Bento conhece o serviço, assumirá o comando. Contrataremos mais um empregado e tudo ficará bem.

Evidentemente constrangido pela forma segura como Frau Lilsa dispensou sua promessa de ajuda financeira, Lúcio só pode calar-se e admirar ainda mais sua futura sogra. No entanto, ainda não estava contente com aquela situação, por isso protestou:

– Desculpe-me, senhora, mas ainda estou temerário em deixá-las sozinhas...

– Mas o que podemos fazer? – interferiu Ana Maria. – Agora mais do que nunca não posso sair da cidade e deixar minha mãe com todo trabalho. O que podemos fazer? Nada, apenas confiar em Deus.

– Ainda bem que o casamento é para breve, mas, depois... – falou Lúcio.

– Vejo que sua preocupação vai mais longe, senhor – falou Frau Lilsa. – Quero lhe dizer que minha filha foi educada com rigor e jamais o desonraria por estar distante.

– Não foi isso que eu quis dizer, senhora.

Frau Lilsa irritou-se com Lúcio. Ainda estava com os nervos à flor da pele pela morte prematura do marido, mesmo assim controlou-se para não transformar a conversa em discussão. Por várias vezes já salientara à filha o principal defeito do futuro marido: o ciúme. Nas vezes que podia passar mais dias em Petrópolis, no tempo de noivado, pequenas atitudes que passavam despercebidas pela noiva não escapavam aos olhos atentos da mãe, e isso a preocupava. Entendeu haver, no zelo excessivo de Lúcio, um tentáculo desse monstro que acaba com a felicidade dos que se amam.

A beleza de Ana Maria era decantada em verso e prosa na cidade, desde que era apenas uma menina. Mesmo antes de conhecê-la, Lúcio muito ouvira falar sobre ela, porém, nunca imaginara que uma moça com tanta fama, embora também seu recato fosse comentado, pudesse se interessar por ele. Tornar-se seu noivo foi um sonho que muitos outros sonharam, e nunca deixaram de dizê-lo, tanto os amigos sinceros, como os nem tão amigos. Ele mesmo descobrira-se muito mais ciumento do que podia imaginar, mas creditava este sentimento à constante distância de sua amada.

Perdido em pensamentos e constrangido por ser descoberto pela sogra, Lúcio não falou mais nada. Mãe e filha também preferiram silenciar, por isso, Frau Lilsa levantou-se e, antes de sair, falou:

– Conversarei com o padre Honório para que o casamento seja feito aqui em casa, sem convidados, apenas os padrinhos. Está bem para vocês?

– Oh! Foi bom a senhora ter falado em padrinhos. A tragédia me fez esquecer deste assunto. Creio que o senhor Bezerra de Menezes não poderá cumprir o compromisso assumido. Não por vontade própria, obviamente. Já de algum tempo vem sofrendo de uma dispepsia que o deixa prostrado. É com bastante dificuldade que cumpre seus afazeres. Pediu-me que o perdoássemos e que de lá estaria orando a Deus que nos abençoasse.

– Muita vez uma oração como essa vale mais que um padrinho presente. Afinal, para que servem os padrinhos de casamento? – comentou Frau Lilsa – O senhor já encontrou alguém que possa substituí-lo?

– Antes de voltar ao Rio de Janeiro tratarei deste assunto.

Frau Lilsa saiu da sala sem mais comentários. Estava tudo resolvido, dentro de sua praticidade habitual. Conseguia manter a serenidade todo o tempo, embora a dor que se abatia em seu peito não pudesse ser medida. Perdera o segundo marido. O seu primeiro casamento fora um contrato de esperteza. Quando ainda morava em Kastellaun, na Europa, e tinha 15 anos, seu pai morrera. A mãe não tardou em encontrar um substituto que, por sua vez, também não tardou em começar a incomodá-la. Era uma moça bonita e o padrasto dado ao excesso de cerveja. Tentou conversar com a mãe sobre o problema, mas esta entendeu que a filha apenas não aceitava a substituição. Em pouco tempo a situação ficou insustentável. Foi quando ficou sabendo que a família Krieger, bastante conhecida da sua, havia sido contratada para colonizar terras brasileiras. Conhecia o filho mais velho desta família e tramou tudo. Com 17 anos casava-se, às vésperas de embarcarem para a grande aventura de suas vidas. Egbert Krieger, seu primeiro marido, mostrara-se gentil e atencioso nos primeiros dias, porém, o monstro do ciúme em pouco tempo mostrou sua cara. Apaixonou-se perdidamente pela jovem e bela Lilsa, e cada homem que a olhava no navio era desafiado. Rapidamente conseguiu muitos inimigos. A jovem não se atrevia nem a olhar para o horizonte que Egbert já supunha que estava pensando em outro homem. Logo ela descobriu que poderia estar trocando um inferno por outro.

Uma aparente fatalidade rapidamente mudou seu destino. Alguns rapazes do navio já provocavam Egbert intencionalmente, quando queriam se divertir. Numa destas situações, acabaram se enfrentando fisicamente, porém, um deles carregava uma faca. O corte no abdome de Egbert não era tão grande, nem tão profundo, mas não cicatrizou como devia. Os parcos recursos médicos do navio não foram suficientes. A ferida aumentou e a febre logo levou o ciumento marido ao delírio. Em poucos dias estava morto. No dia seguinte chegavam ao destino e Lilsa encontrava-se desamparada, pois, após a morte de Egbert, a família do mesmo considerou-a culpada e ameaçou abandoná-la.

Mesmo que tenha sido por pouco tempo, a experiência dela ao enfrentar esse monstro que pode se esconder facilmente sob os vernizes da sociedade, a fez temer pelo destino da filha, se Lúcio realmente fosse ciumento como ela imaginava. Já havia prevenido Ana Maria, porém sabia que não havia muito a fazer, principalmente nesta situação, quando tudo se precipitava.

Capítulo 12

O dia fora muito quente, por isso Lúcio aproveitou o frescor do anoitecer para caminhar um pouco. Foi até o riacho que cortava os fundos da casa Klaus e lá ficou por algum tempo, sentado sobre uma pedra e com os pés na água límpida e fria, acalmando seu espírito das tantas turbulências dos últimos dias. No outro dia muito cedo já partiria de volta à capital e logo teria que assumir sua nova função em Leopoldina. De repente o destino virara sua vida ao avesso, mais uma vez, e ainda não tivera tempo para se acostumar com os fatos. Ficou por um longo tempo acomodado na pedra olhando as estrelas que brilhavam pela fresta de céu que se abria em meio às árvores, quando ouviu que alguém vinha conversando pelo caminho que chegava até ele. Reconheceu as vozes de Bento e Terezinha, mas estes desviaram o rumo um pouco antes de chegarem onde estava. Cortaram caminho por trás de uma grande pedra e foram para um lugar logo adiante, onde o riacho se alargava sobre uma lousa de pedra, formando uma piscina natural.

Lúcio sabia que Bento e Terezinha, e os filhos, costumavam vir banhar-se ali nos dias mais quentes, por isso, logo que ouviu os corpos caindo na água, e por saber que costumavam fazer isso nus, pensou em retirar-se, discretamente. No entanto, as primeiras palavras que ouviu de Terezinha chamaram sua atenção:

– Eu não concordo... seu Lúcio devia saber da verdade...

– A patroa tá mais que certa, num tem purque contar nada não sinhora...

– Mas se esse home volta? O que vai ser delas sem o patrão por perto?

– Não é probrema nosso, muié... E vê se se aquieta... e não vai falá pra ninguém o que te contei... Posso até ser mandado embora se souberem que fiquei ouvindo embaixo da janela.

– Isso não foi bonito mesmo.

– Era pra protegê o patrão...

– Era nada, ocê é que é curioso mesmo.

– Mas tive que me segurá pra não pulá a janela e pegá aquele home pelo pescoço... undié que já se viu pedir a mão de uma moça que tá prometida pra outro?

Lúcio estremeceu. Devido a sua origem, sempre teve medo dessa possibilidade. Nunca acreditou que a mulher mais linda de Petrópolis, como era chamada Ana Maria, não viesse a ser cortejada por pretendentes melhores, ou mais ricos que ele. Então havia outro pretendente? Seria esse o motivo do ataque de Herr Klaus?

A chegada de Bentinho e Zezé para banharem-se também, fez morrer o assunto. Lúcio aproveitou e saiu sem ser visto. Subiu lentamente o caminho que levava à casa, com o coração abrasado e a mente em redemoinho. O que fazer? Por que a noiva e a mãe não lhe contaram o ocorrido? O que poderia ter acontecido nestes longos períodos em que ficava afastado da cidade, cursando engenharia? Será que Ana se interessara por outros pretendentes? Nunca demonstrou nenhuma dúvida, nem quando juntos, nem nas muitas e longas cartas. Mas... mas... mas... sua mente era um caldeirão de inquietações e suposições.

Quem seria o pretendente? Algum conhecido seu? Qual o verdadeiro motivo de não terem contado a ele? Um pouco antes de entrar em casa, tomou uma decisão. Se as duas acharam por bem não falar nada sobre esse outro pretendente que visitou Herr Klaus, respeitaria a decisão. Agiria como se não soubesse de nada, porém, com atenção sempre redobrada sobre as atitudes da noiva. Não admitia mais perdê-la e brigaria até o fim para isso. Se falasse sobre o que sabia, fizesse alguma pergunta, temia que a situação se precipitasse. Quem poderia afirmar se não havia alguma dúvida no coração da noiva? Não, era melhor deixar tudo como estava, principalmente porque o casamento estava mantido. No entanto, uma agonia crescia e sufocava em seu peito. Casariam, mas a esposa não estaria ao seu lado na maior parte do tempo. Estaria em Petrópolis, talvez perto de um amor secreto, abafado por alguma impossibilidade.

A mente de Lúcio agitava-se num ritmo frenético e o ciúme, este monstro disforme que cega e desorienta, unindo-se ao orgulho, começava a causar feridas profundas na alma do jovem engenheiro.

Capítulo 13

Fábio Augusto esperou até o casamento e, quando viu que este realmente aconteceria, ficou revoltado. Tentou aproximar-se de Ana Maria, mas ela estava cercada constantemente pela mãe e por Zezé. Frau Lilsa sabia que aquele homem não desistiria facilmente do seu intento, por isso não permitira que a filha saísse de casa desde a morte do pai.

Em desespero, pensou em procurar Lúcio de Castro. Insinuaria a ele que a mão de Ana Maria lhe fora prometida por Herr Klaus. Por certo o casamento sofreria um abalo, mesmo que seu nome pudesse sofrer um abalo junto à sociedade. Porém, não havia mais tempo para ir à capital antes que este partisse para Petrópolis. Pensou em abordar Lúcio na sua chegada, mas teria que se expor ainda mais e, além de tudo, não conhecia Lúcio, nunca o tinha visto. Desta forma, precisaria envolver mais uma pessoa para lhe indicar quem era seu oponente. Quem? A única pessoa que poderia fazer esse papel seria Magé, mas ela não era de confiança, poderia contar seu plano a Ana Maria.

Perdido em elucubrações mirabolantes, foi ficando mais e mais desesperado. Não estava acostumado a não ter o que queria. As poucas vezes que a vida lhe dissera não, havia entrado em estados perturbadores de ânimo.

No dia da chegada de Lúcio, Frau Lilsa recebeu um novo bilhete de Fábio, solicitando uma entrevista urgente. No verso do papel timbrado com o nome do doutor, ela respondeu, no seu modo franco e objetivo:

Caro doutor Fábio Augusto

Não sou dada às formalidades sociais, por isso respondo-lhe que não quero recebê-lo. Adianto ainda que, se tentar novamente entrar em nossa casa, serei obrigada a revelar a todos sobre sua visita à nossa casa no dia do falecimento de Herr Klaus.

Magé esperou até que Fábio lesse a resposta, certa da gratificação que receberia, porém, o que ganhou foi uma porta batida com força, quase a machucando.

Que ousadia! Que mulher petulante! Amassou o bilhete com raiva enquanto gritava ao vento seu ódio.

– Então, Deus? É assim que me recebe de volta ao rebanho? Então não quer me ajudar a ser um novo homem? Não vê que tudo que quero é formar uma família digna, temente a Ti e à Igreja?

Num ataque de fúria atirou porcelanas no chão e só parou quando seu mordomo, Sebastião, que viera do Rio de Janeiro, conseguiu contê-lo. Ao perceber os braços fortes do negro envolvendo-o, caiu em si do ridículo. Nunca fora dado a explosões e, além do mais, o contato com um escravo, naquela situação, era para ele ainda mais abjeto. Por isso, recompôs-se e pediu a Sebastião que preparasse suas malas. Partiria imediatamente de volta à capital. Também pediu que chamasse um negrinho qualquer, pois precisava mandar um bilhete.

Sentou à escrivaninha ainda com as mãos trêmulas e escreveu:

Cara Afrodite

Perdoe-me a ausência prolongada. Estava carpindo a dor da morte de meu pai e desta ainda não estou livre, porém, a saudade não me permite mais a solidão. Tens razão quando dizes que agora estamos livres para o amor, então, vamos gozar desta liberdade, mas não aqui, nesta terra que tem tantos olhos maldosos.

Retorno hoje mesmo ao Rio de Janeiro e a aguardo.

Do seu

Adônis

Estava decretada a guerra íntima de Fábio Augusto com Deus. Ele não ouvira suas súplicas, por isso, voltaria para a vida boêmia.

Pensava em viajar para a Europa com sua amante, por uns tempos, para esquecer tantos infortúnios. Os negócios da família sobreviveriam sem ele, como acontecera até o presente. Sua bondosa mãe entenderia sua necessidade de novos ares para superar a perda prematura do pai.

De volta ao Rio de Janeiro, chamou Ataíde de Freitas e o remunerou pelos serviços, pedindo que mantivesse acirrada vigilância sobre o doutor Bezerra de Menezes.

– Somente sobre o Bezerra? – perguntou Ataíde. – Podemos deixar Lúcio de Castro cumprir seu destino?

– O que se pode fazer no momento? Não temos nenhuma prova contra ele...

– Nem contra o Bezerra... Continuamos tendo que inventar nossas verdades.

– Um dia ele cairá; por isso, mantenha-se atento. Deixarei uma ordem ao contador para que lhe pague mensalmente pelos serviços.

– Vigiar os membros do Partido Liberal já é minha atribuição, não é preciso pagar por isso.

– Quero atenção especial a ele... Qualquer deslize, qualquer suspeita, quero que seja investigada.

Ataíde de Freitas, como era seu costume quando queria ganhar tempo para fazer uma pergunta mais contundente, reacendeu o cachimbo e, depois de uma longa baforada, esticou-se na cadeira à frente da grande escrivaninha de Fábio Augusto, mantendo o olhar fixo sobre ele.

– Vamos, pergunte... sempre que olhas assim, tens alguma coisa a perguntar – falou Fábio, com evidente irritação.

– Seu pai mantinha uma boa relação com a família Lacerda, não é?

Ao ouvir o nome Lacerda, Fábio paralisou o rosto e o olhar. Foi fácil perceber que seu raciocínio alcançou logo aonde Ataíde queria chegar. O astuto detetive andara investigando sua vida e descobrira a fonte real do seu ódio a Bezerra de Menezes.

– Se você andou investigando para me fazer esta pergunta, já sabe a resposta. Então, por que me pergunta?

– Ora, ora, meu amigo, não se ofenda, como já lhe disse, na minha situação, preciso me manter bem informado. Nunca considerei que ter perdido nas urnas para o Bezerra fosse motivo suficiente para tanto rancor...

– Então agora já sabe o motivo, não é mesmo? O que vai fazer, escrever uma coluna no jornal?

– Calma, meu caro Fábio, calma! Saber a motivação dos meus clientes é importante, mas não tenho nenhuma intenção de denegri-lo... mesmo porque, não há motivo para isso. Foi apenas uma paixão...

– Eu a amava... – falou Fábio, baixo, como para si mesmo. – Foi a primeira mulher que amei de verdade... Cheguei a pedir sua mão, mas ela não quis renunciar a ele... ele, um médico insignificante, que mal tinha como pagar os estudos... que tinha que dar aulas particulares para se sustentar... que futuro ela teria? Como pôde negar a mim...

– A história se repete agora. Como o destino é curioso... parece que o amigo tem chegado tarde aos corações...

– Mas quem está perdendo de verdade? Quem? Veja, continuo rico... as mulheres ainda suspiram por mim... quem está realmente perdendo? Pobre Maria Cândida,[12] que morte teve! Uma doença rápida... que médico é esse que não consegue curar nem a própria esposa?

– O senhor, como médico, decerto a curaria...

– Por certo que sim... – respondeu Fábio, novamente baixo, demonstrando insegurança na voz.

– Na mesma época o senhor disputou uma vaga de lente substituto[13] na Faculdade de Medicina... mas o titular, o doutor Manoel Feliciano Pereira de Carvalho,[14] preferiu outro para seu assistente...

– Já chega, Ataíde... sua intenção é denegrir meu passado? Já basta!

– Em hipótese alguma, meu amigo. Somente andei investigando... Esse doutor Manoel... é considerado o patriarca da cirurgia...

[12] Maria Cândida de Lacerda Prego Bezerra – Mariquinhas – foi a primeira esposa de Bezerra de Menezes, sendo que o casamento aconteceu em 06 de novembro de 1858. Veio a falecer subitamente em 24 de março de 1863, vítima de febre tifoide, deixando o marido com dois filhos pequenos (*Bezerra de Menezes na intimidade*, de Jorge Damas Martins. Novo Ser Editora).

[13] *Lente substituto*: o que exerce a cátedra no impedimento do lente catedrático. Professor substituto.

[14] Manoel Feliciano Pereira de Carvalho (1806 –1867). Considerado o patriarca da cirurgia brasileira e pioneiro da anestesia geral com clorofórmio no Brasil.(http://medbiography.blogspot.com.br/2009/02/manuel-feliciano-pereira-de-carvalho.html)

– Um simplório... por isso uniu-se a outro simplório. Se é o que quer saber, sim, perdi a vaga de lente substituto para o Bezerra. Como vê, esse homem vem me roubando a felicidade há muito tempo.

– Bons motivos para odiá-lo – falou Ataíde, levantando-se para sair. – Então, se o motivo é bom, vou continuar vigiando-o. Nada que fizer, ou não fizer, passará sem que eu saiba. O amigo tem previsão de retorno?

– Parto sem destino definido nem tempo previsto. Começarei por Lisboa, depois Paris, talvez...

– E sua acompanhante, concorda com o itinerário?

Fábio mais uma vez ficou paralisado diante da pergunta. O velho Ataíde justificava em cada sílaba o apelido de raposa. Então ele sabia que Sofia viajaria no mesmo navio. Haviam tomado todos os cuidados e comprado cabines separadas. Mesmo ela sendo agora viúva, não caía bem se o caso fosse revelado. Ela também estaria viajando para aplacar as dores da saudade do falecido marido.

– Um homem precisa saber seus limites, caro Ataíde... Isso se aplica também aos detetives. Adeus!

– Faça uma excelente viagem.

Capítulo 14

(...) um colega, porém, tendo traduzido *O Livro dos Espíritos*, de Allan Kardec, fez-me presente de um exemplar, que aceitei por cortesia. Deu-me na cidade e eu morava na Tijuca, uma longa viagem de bonde(...)

(...)não tendo distração para a longa viagem, disse comigo: Ora, Deus! Não hei de ir para o inferno por ler isto; e depois, é ridículo confessar-se ignorante de uma filosofia, quando tenho estudado todas as escolas filosóficas(...)

(...)Lia, mas não encontrava nada que fosse novo para o meu espírito e, entretanto, tudo aquilo era novo para mim!(...)

(...)Eu já tinha lido e ouvido tudo o que se acha em *O livro dos Espíritos*, mas, com certeza nunca lido obra alguma espírita e, porquanto, era-me impossível descobrir onde e quando me fora dado o conhecimento de semelhantes ideias(...)

(...)Eis o que fui (católico), em que crença vivi, até que fui espírita.

(*Reformador*, 15 de julho de 1892).

Rio de Janeiro, 20 de agosto de 1886.

Querida mamãe

Estou cada vez mais saudosa. Precisamente hoje, faz cinco anos que saí da nossa casa e vim para o Rio de Janeiro, quando Lúcio terminou seu contrato de trabalho em Leopoldina. Estou casada há mais de sete anos, como o tempo passou rápido! Tenho muita saudade de tudo, principalmente por nos vermos tão raramente. Quando a senhora vai deixar de ser tão teimosa e vir morar comigo? Não tem mais motivos para morar aí, longe da sua verdadeira família e tenho certeza de que as pequenas diferenças entre a senhora e Lúcio em pouco tempo seriam dissolvidas pelo convívio. Sim, ele é ciumento, como sempre disse, mas também é responsável e trabalhador. Como eu, ele também não aceita que more distante.

Tenho algumas novidades para lhe contar. A notícia que domina os jornais da cidade é o discurso que o nosso grande amigo, doutor Bezerra de Menezes, proferiu há poucos dias no salão da Velha Guarda da Câmara Municipal. Dizem que havia mais de mil e quinhentas pessoas na oportunidade em que ele se declarou formalmente convertido ao espiritismo. Creio eu que seu repentino afastamento do meio político no ano passado já visava esta atitude tomada agora. Bem sabia ele o que iria enfrentar se divulgasse o fato estando ainda na política. Se já faziam de tudo para difamá-lo sem nunca ter dado um motivo sequer, os ignorantes aproveitariam da situação para tentar manchar sua reputação.

Bem sei que a senhora tem muitas resistências a essas novas ideias, mas devido à influência da igreja católica, e não por seu próprio raciocínio, já que se mostrou surpresa com os textos que lemos juntas. Da minha parte eu lhe digo: estou convertida. O espiritismo nos ensina de onde viemos, porque estamos aqui e para onde iremos no futuro. A morte não existe e as vidas sucessivas explicam nossas diferenças. Finalmente consigo entender a grandeza de Deus, porque aprendi que na vida não existem injustiças. Tudo que nos acontece é a reação às nossas próprias ações. Isso não é maravilhoso, não é perfeito?

Eu sei que a senhora tem lido O livro dos espíritos *que aí deixei. Tenho certeza de que seu raciocínio compreende a profundidade desses ensinamentos. É pena que não tem por perto o senhor Bezerra, como tenho. Infelizmente, meu querido Lúcio ainda não conseguiu acordar para essas verdades, que julga superficialmente, sem mesmo querer ouvir sobre o assunto. Para ele, todo espírita é um lunático que acredita em fantasias. Mesmo a relação com o doutor Bezerra anda estremecida devido a isso. Ele é um grande homem, mamãe. Vive para divulgar sua nova crença e atender aos necessitados, que diariamente lotam seu consultório. Vive com apertos econômicos porque de ninguém cobra, ou, se cobra de alguém que tenha como pagar, logo em seguida entrega o dinheiro a quem não o tenha.*

Lúcio também não se conforma com isso e não adianta lembrá-lo que conheceu o médico exatamente assim, quando estava doente e sem poder fazer os exames finais de engenharia. Gostaria que ele fosse mais flexível, porém, a falta de filhos pode ser responsável pela sua rudeza. Quase não há dia que não lamente por isso, mas o que posso fazer? Por alguma atitude equivocada minha no passado, talvez em outra vida, não posso ter essa alegria agora. Se ele entendesse isso, ficaria mais conformado.

Querida mamãe, volto a lhe pedir que pense na possibilidade de vir morar no Rio de Janeiro. Fico muito preocupada com sua solidão, mesmo que o João Bento e a Terezinha estejam sempre por perto. Não é hora de sossegar? O salário de Lúcio é bom o suficiente para que não tenhamos nenhuma necessidade.

Com muita saudade

Ana Maria

Capítulo 15

A *Belle Époque*[15] rapidamente arrebatou a alma entristecida de Fábio Augusto. Sua guerra íntima com Deus lhe deu respaldo necessário para todas as dissipações permitidas pelo dinheiro. A luxúria, mas também o gosto pelo belo e a sensibilidade artística, envolveram-no de forma irremediável. Adiou indefinidamente a volta ao Brasil. Sua Afrodite, Sofia, compartilhava de sua posição, porém, mais rapidamente que ele dissipou a fortuna que lhe coubera de herança. Como viviam uma relação destituída de compromissos morais, Fábio não se importava com o envolvimento da mesma com outros homens, que garantiam a ela a permanência na Europa. Fábio era bem mais precavido, embora também dissipasse. Ajudava-a parcimoniosamente e via nos relacionamentos dela a desculpa para também ter os seus, afinal, o ambiente cultural e social em que viviam permitia isso.

O deslumbramento de Fábio contrastava com sua realidade emocional. Ele mesmo ficava intrigado com o apego da memória que, mesmo diante de uma vida ideada, invejada, não conseguia se desligar da imagem de Ana Maria. Muitas vezes se perguntava de onde vinha esse amor, insólito por si mesmo, pois vira a moça tão poucas vezes na vida. Por que não conseguia esquecê-la? Vivia rodeado de

[15] A *Belle Époque* foi um período de cultura cosmopolita na história da Europa, que começou no final do século XIX (1871) e durou até a eclosão da Primeira Guerra Mundial, em 1914. A expressão também designa o clima intelectual e artístico do período em questão. Foi uma época marcada por profundas transformações culturais que se traduziram em novos modos de pensar e viver o quotidiano (http://pt.wikipe-dia.org/wiki/Belle_Époque – com citação de fontes)

mulheres interessantes e continuava a ser um conquistador irreparável, mas nenhuma conquista sequer riscava a tela de amor onde Ana Maria estava desenhada. Por quê?

Empolgado pelo movimento cultural francês, aventurara-se na literatura. Poemas e pequenos romances seus eram publicados em jornais e folhetins, chegando a ganhar alguma fama. No entanto, para turvar um pouco a época áurea da vida, as rogativas da mãe por sua volta pesavam em sua consciência. Os cunhados haviam rompido por motivos econômicos e as finanças da família estavam à deriva, correndo o risco de uma derrocada. Além do mais, escrever versos não lhe dava nenhum retorno econômico e sua longa estadia na Europa, com requintes de luxo, pesava sobremaneira nos cofres da família, provavelmente sendo este um dos principais motivos da briga entre os cunhados.

O desejo de permanecer na Europa fez com que procurasse remediar sua situação e justificar sua prolongada ausência. Graças a contatos mantidos com banqueiros dentro do mundo luxuoso que vivia, conseguiu preciosas ligações comerciais na França e na Inglaterra. Firmou contratos valiosos de importação do café produzido pela família, que era conhecido pela excelente qualidade. Mantendo contato postal com o cunhado que não se afastara da fazenda, conseguiram uma reviravolta econômica e logo o risco da falência foi afastado. Fábio conseguiu justificar sua permanência em Paris, onde chegou a montar um escritório de comércio internacional. Assim prolongou por mais três anos sua viagem, até que nova fatalidade interferiu no seu destino. Seu cunhado, acometido de febre amarela, não resistiu à violência da doença e faleceu. O outro cunhado também trabalhava com o café, mas nunca tivera com ele um bom relacionamento. Precisava voltar ao Brasil.

Com 52 anos e ainda aparentando uma idade bem menor, depois de sete anos longe, no dia 25 de setembro de 1886, um sábado, o transatlântico Sully entrava pela baía da Guanabara e, no convés, Fábio Augusto estendia os olhos para as montanhas e lembrava da infância. Alguma coisa remexia em seu coração sentimentos antigos. Voltar para casa significava lembrar e a conclusão a que chegava é que não tinha tantas coisas boas para lembrar-se. O contato com as novas ideologias que fervilhavam na Europa fizeram dele um pensador, e o que mais podia fazer dentro de um navio do que pensar, e pensar. O que estava fazendo ele realmente pela vida? Deus não existia, sabia disso, e chegava achar ridícula sua briga com Ele no passado. Entrara em contato intenso com as ideias de Comte[16] e desaguara seu rio de inquietações sócio-políticas no socialismo científico, de Marx e Engels, o qual apreciava apenas na teoria, pois na prática continuava a ser um nobre, da elite dominante.

Deus não existia, obviamente. O que existia era o homem, seus feitos, suas vidas. Que feito ele tinha na vida, além de viver distante de responsabilidades, libertino e dissipador? Nenhum. Isso precisava mudar. O primeiro passo era restaurar a situação financeira da família. O café ainda era uma aplicação altamente lucrativa, bastava trabalhar seriamente. Os contratos comerciais firmados com ingleses e franceses garantiriam a prosperidade, bastava ele cuidar da tramitação do produto da fazenda até o embarque no porto carioca, que era o trabalho do cunhado. Sua mãe andava surpreendendo a todos nas lidas da fazenda, mantendo a produção, porém, nada sabia de transporte e venda.

Sua Afrodite negara-se a voltar. Mesmo que não houvesse mais nenhuma paixão os envolvendo, Fábio Augusto se preocupava com o destino da amante (o que nunca deixara de ser). Mantinha-se em Paris sustentada por outros homens, que disputavam sua atenção. Propôs-se a sustentá-la na corte carioca, mas a ideia de voltar ao Brasil sem a fortuna que dissipara a impedia de, ao menos, pensar nesta possibilidade. Fábio voltava sozinho e deixara no velho mundo inúmeros olhos inundados de lágrimas, inclusive os de Sofia.

Para sua surpresa, o primeiro pensamento que teve ao pisar o chão brasileiro foi para Ana Maria. Ela estava agora tão perto! Morava na Tijuca, ele no São Cristóvão. Não havia mais um oceano os separando. Estava casada com Lúcio de Castro e não tinha filhos. A vida do casal era calma e mantinham ainda um forte relacionamento com o doutor Bezerra de Menezes. Ataíde de Freitas, neste tempo todo mantivera acirrada vigília sobre o deputado, mas nada real conseguira para denegri-lo. Mantinha Fábio Augusto informado sobre

[16] Auguste Comte, filósofo francês fundador da sociologia e do positivismo. Seu pensamento foi muito influente no Exército brasileiro no final do século XIX.

todos os passos do oponente político através de cartas e, mesmo que este não pedisse, também informava tudo o que sabia sobre Ana Maria e o marido. Há um ano Bezerra de Menezes afastara-se da política e tudo o que conseguiram foi plantar boatos sobre prováveis motivos de sua repentina deserção do campo de luta. O Partido Conservador esperava a qualquer momento que aquela 'fingida' vida de dificuldade se modificasse e o doutor Bezerra revelasse sua fortuna. Ao menos era o que fazia noticiar em panfletos e jornais.

A primeira pessoa conhecida que avistou foi Ataíde de Freitas que, sozinho, o aguardava pacientemente. A mãe estava muito envolvida na condução da fazenda e antigos amigos nunca o consideraram tanto a ponto de preparar uma recepção. Olhou algumas vezes ao derredor, pensando que talvez lhe preparassem uma surpresa, mas acabou por convencer-se que, mesmo tendo avisado a muitos por telegrama de sua chegada, não deixara no Brasil motivos para que o esperassem alegremente. Somente Ataíde, que recebia por seus serviços, mantivera sua fidelidade. Depois de um demorado aperto de mãos, Ataíde perguntou, por educação:

– Como foi a viagem?

– Demorada, como toda viagem de navio... mas aqui estou.

– Está, e muito bem... vejo que os ares do velho mundo lhe fizeram bem. Mas, vamos, seu mordomo mandou sua carruagem. Já providenciei para que suas malas cheguem corretamente à casa. Creio que o amigo precisa de uma boa refeição. Já está tudo preparado.

Depois de um farto jantar, onde não trocaram muitas palavras, agora sentados no escritório e já com Ataíde acendendo seu inseparável cachimbo, Fábio Augusto, ainda um pouco assustado com a barriga cada vez mais proeminente do detetive, perguntou:

– O que aconteceu de novo por aqui, depois da sua última carta?

– Ah! Já começava a ficar ansioso para lhe dar as notícias...

– Pela sua expressão, parece que temos boas novidades.

– Sim, finalmente temos material para 'apedrejar' seu antigo oponente político... quer dizer, se isso ainda o interessa?

Fábio Augusto apenas reclinou-se na cadeira, colocando os pés sobre a mesa, como tinha o costume, e sorriu para o amigo, fazendo com as mãos um gesto de obviedade.

– Bezerra de Menezes reuniu uma grande assembleia no salão da Velha Guarda da Câmara Municipal e declarou-se espírita. – falou Ataíde rapidamente, para depois ficar observando a reação de Fábio. Este, por sua vez, pareceu demorar a entender o que acabara de ouvir. Espírita? Essa nova doutrina patrocinada por um lunático, de quem tanto ouvira falar em Paris, e pelo qual nutria declarada antipatia, por ser o oposto de seu pensamento materialista. Bezerra de Menezes, espírita? Seguidor de Allan Kardec?

Finalmente sorriu. Apreendeu a extensão da notícia dada por Ataíde. O espiritismo vinha sofrendo forte oposição da igreja católica na Europa e não poderia ser diferente no Brasil. A igreja católica ainda tinha enorme influência junto ao poder. A sociedade era católica. A carreira política de Bezerra de Menezes estava liquidada. Caso tencionasse voltar a um cargo público, estaria perdido, afora as grandes possibilidades de difamação que essa atitude permitia.

– E como foi a reação da sociedade diante dessa revelação? – perguntou.

– O que imagina? Estupefação, obviamente. Ele conseguiu a antipatia de boa parte da sociedade, muito embora...

Ataíde não completou o pensamento, o que deixou Fábio intrigado.

– Muito embora?

– É estranho. Eu mesmo, que nunca consegui nada concreto contra ele, de certa forma esperava que ele teria uma vida de mais abastança depois de abandonar a política. No entanto, esse intrigante homem só faz trabalhar e ajudar os pobres. É uma loucura. Seu consultório vive abarrotado de infelizes e ele os atende sem cobrar. Mesmo sendo espírita, suas atitudes de desprendimento já estão virando lenda...

– Como assim? O que quer dizer com isso?

– Vou tentar explicar com um caso: após atender uma mulher com uma doença grave e tê-la medicado, ela lhe disse que não tinha nenhum dinheiro para comprar os remédios. O que fez esse louco? Procurou por dinheiro para dar a ela, para os remédios, porém, não tinha mais nenhum, o que tinha já havia dado aos outros pacientes pobres. Então tirou do dedo seu anel de formatura e deu-o à paciente. É um louco... mas um louco que está chamando atenção sobre si, e cada vez mais.

– Isso sugere astúcia. O que ele pretende com isso?

– Realmente, não sei. Ele é um liberal histórico[17] e tem simpatia pela causa republicana. É um dos mais ferrenhos abolicionistas... não sei. Carrega uma grande quantidade de votos e tem a seu favor um histórico de muitas realizações. Os republicanos estão cada vez mais alvoroçados, sabemos disso. Não sei, mas não estaria ele pensando num poder maior, dentro de uma nova ordem política? Não falam os republicanos que a igreja não vai interferir nas coisas do Estado?

– Pode ser... pode ser... Precisamos cercá-lo. Ataíde, precisamos denegri-lo...

– Ah! Não se preocupe, tanto há luzes como sombras sobre ele. Estamos aproveitando essa confissão religiosa ao máximo.

Fábio perdeu-se em pensamentos por alguns minutos, até sentir mais fortemente o cansaço da viagem. Pela manhã do domingo, partiria para a fazenda para reencontrar a mãe e começar a planejar a substituição do cunhado falecido. Levantou-se e fez menção de acompanhar o detetive à saída. Ataíde prontamente levantou-se e o acompanhou, porém, antes de sair, apoiou a mão no ombro de Fábio e disse:

– Infelizmente, não tenho só boas notícias...

– O que houve? Minha mãe... minhas irmãs?

– Calma, está tudo bem com elas...

– Então...?

– Ana Maria...

Fábio sentiu um frio gelar sua alma. Percebeu que o calor do rosto desapareceu e rapidamente empalidecera. Não queria mostrar ao detetive o quanto ainda se impressionava com ela, mas não conseguira conter-se. O que havia acontecido? Morrera? Havia tanta

---

[17] Grupo de liberais puristas, que não aceitava os conchavos dos liberais progressistas com os conservadores dissidentes. Essa divisão interna do Partido Liberal foi um dos principais motivos da crise de 1868, quando o imperador destitui o liberal progressista Zacarias Goes de Vasconcelos do Gabinete que presidia os ministros, ocasionando a queda do Partido Liberal e a volta ao poder dos conservadores (*Os Bezerra de Menezes e o espiritismo*, de Jorge Damas Martins. Novo Ser Editora).

gente morrendo da febre maldita. Tinha medo de perguntar e Ataíde, entendendo o dilema dele, tratou de completar.

– Ela está gravemente enferma... mas ninguém conseguiu diagnosticar a causa com segurança. Sofre de ataques repentinos, que a deixam vários dias prostrada, sem conseguir se alimentar. O último foi há poucos dias... o próprio Bezerra disse que, se ela tiver um novo ataque, não resistirá.

– Há quanto tempo ela está assim? Na sua última carta não me falou nada sobre o assunto.

– Cerca de um mês...

– E os outros médicos? Não chamaram médicos mais competentes?

– Lúcio de Castro chegou a desentender-se com Bezerra de Menezes por isso. Trouxe outros médicos que diagnosticaram histeria, mas o doutor Bezerra discordou veementemente do diagnóstico.

– Que estúpido! Se os verdadeiros médicos dizem que é histeria, pois o é... eu mesmo já estudei muito Charcot,[18] conheci-o pessoalmente em Paris. Concordo plenamente com suas teorias...

– Bem, não sou médico como o amigo para ter uma opinião mais abalizada. O que sei é que o doutor Bezerra de Menezes insiste em dizer que o problema é espiritual e que Ana Maria precisa ser tratada pelo espiritismo.

– É um louco! Como um médico pode continuar clinicando pensando dessa maneira? É preciso caçar o seu diploma... Onde ela está? Em qual hospital?

– Até ontem estava na Santa Casa, mas o marido levou-a para casa. Ouvi falar que é para protegê-la do doutor Bezerra... No hospital era mais difícil impedir as visitas dele... Estão rompidos.

– Eu precisava vê-la.

– Acredita que seria bem vindo?

---

[18] Jean-Martin Charcot (1825–1893), cientista francês nascido em Paris e falecido em Morvan, França, alcançou fama no terreno da psiquiatria, na segunda metade do século XIX. Foi um dos maiores clínicos e professores de Medicina da França, juntamente com Guillaume Duchenne, o fundador da moderna neurologia. Foi o emprego da hipnose feito por Charcot na tentativa de descobrir a origem orgânica da histeria que estimulou o interesse de Freud pela origem psicológica das neuroses (http://educacao.uol.com.br/biografias/jean-martin-charcot.jhtm).

– Também sou médico.

– Que eu saiba, Lúcio de Castro nunca soube da sua... visita ao senhor Klaus.

– Então ele não sabe quem eu sou...

– Mas Ana Maria sabe.

– Não importa. Anuncie-me. Faça Lúcio de Castro crer que sou um médico famoso que está voltando da Europa e trago de lá muitas novidades. Não sei, pense em alguma coisa. Você é pago para isso...

– Isso será fácil. Na verdade, já havia pensado nessa possibilidade. Então, prepare-se doutor, logo terá uma nova paciente.

Capítulo 16

Frau Lilsa e Zezé chegaram à casa de Lúcio de Castro dois dias depois que Fábio Augusto desembarcou no Rio de Janeiro. O casal morava numa grande casa na Tijuca. O sonho de Lúcio era ter muitos filhos, por isso a casa com muitas peças, vários quartos. Ana Maria lhe pedira muitas vezes para mudarem para uma casa menor, mas ele era irredutível, pois ainda tinha esperança de reverter a situação.

Lúcio não fora buscar a sogra, porque não arredava pé da esposa, sendo que a situação da mesma o levava ao desespero. Quem foi buscar Frau Lilsa foi Juca, o negro que sofrera o acidente quando conduzia uma carruagem com o doutor Fábio Augusto e Sofia, há vários anos. Quando a recebeu na estação, com os olhos molhados, beijou a mão da benfeitora e falou:

– Jamais vou poder agradecer o suficiente pela sua bondade, Frau Lilsa.

– Deixe disso, meu jovem. Não há motivos para agradecimentos e, que eu lembre, o senhor pagou pelo que recebeu...

– Bem sabe a senhora que não há moeda que pague o que me fizeram.

Frau Lilsa apenas sorriu, novamente admirada pela aparência elegante de Juca, bem como sua maneira de falar. Para sua surpresa, Juca não conduzia a carruagem, mas sim outro negro. Ficou sabendo que era seu empregado e que tinha vários, agora que montara uma pequena empresa de transportes, ajudado por seu grande amigo Irineu Evangelista de Souza, o visconde de Mauá. Quando a carruagem movimentou-se, Frau Lilsa falou a Juca:

– Minha filha me escreveu sobre seu casamento.

– Ah! Eu e Magé somos muito felizes... Brigamos um pouco, mas...

– Ciúmes?

– Não, não... seria até melhor. A Magé sempre sonhou em ser livre... qual escravo não sonha com isso? Juntava dinheiro para comprar sua alforria, mas...

Juca deixou a frase no ar por algum tempo e Frau Lilsa nada perguntou, entendendo que o assunto não deveria ser fácil. Até achou estranho ele estar confidenciando-o assim, em tão pouco tempo de conversa. Depois de alguns minutos e com o olhar perdido na paisagem que passava pela janela da carruagem, Juca falou:

– Ela fazia favores, senhora. Era mucama de uma mulher leviana e trouxe consigo muitos defeitos desse convívio. Para essa mulher e seus amantes, a Magé prestava favores. Infelizmente, um deles era o doutor Fábio Augusto Severiano, que a senhora bem conhece. Desde que casamos, tenho lutado para fazer com que deixe de ser uma intriguista... Comprei-a junto à família do falecido marido da sua senhora, a quem realmente pertencia, e faço de tudo para que cuide apenas da nossa vida, mas não tem sido fácil. Mas estou falando demais de mim, senhora, me perdoe... O motivo que a traz ao Rio de Janeiro é deveras mais grave que este.

– É muito bom ouvir você falar, Juca, se me permite chamá-lo assim... Tenho certeza de que a Magé vai mudar um dia, pois está muito bem acompanhada. Quanto à minha filha, confesso que estou aflita. Lúcio não poderia ter demorado tanto a me contar o que estava acontecendo...

– Ele não queria preocupá-la. Na verdade, nas primeiras crises, ele ficou até alegre, pensando que eram enjoos causados por uma gravidez. Foi o amigo Bezerra de Menezes que esclareceu a situação... É pena que eles tenham rompido...

– Como? Lúcio rompeu com o doutor Bezerra? Isso é difícil de acreditar, Juca.

– Infelizmente, é verdade. Meu amigo Lúcio não admite, em hipótese alguma, a realidade espiritual...

– ... E você, admite? – perguntou Frau Lilsa, demonstrando alguma surpresa diante das palavras de Juca.

– Eu sou espírita, senhora. Fui levado ao espiritismo pelo doutor Bezerra de Menezes. O espiritismo causou a segunda revolução em minha vida. É uma doutrina linda...

– Eu sei. Eu a tenho lido, Juca, e confesso que fico surpresa com o que leio, entretanto... ainda não sei... Mas, não me disse o real motivo de Lúcio romper com o doutor Bezerra.

– Bezerra de Menezes foi a primeira pessoa a chegar na casa de Lúcio, que se encontrava acompanhando as obras de reparos na estrada de ferro Dom Pedro II, distante de casa. Foi a minha Magé que foi chamá-lo quando Ana Maria teve a primeira crise. Quando o doutor Bezerra entrou no quarto de sua filha, esta, que estava há horas desmaiada, ficou sentada na cama e falou: "Não se aproxime dela... Ela é minha... somente minha..." Depois disso voltou a deitar, inconsciente.

Como Juca parou mais uma vez de falar, na intenção de que Frau Lilsa compreendesse melhor o que estava acontecendo, ela, demonstrando alguma ansiedade, falou:

– Termine, Juca, ainda não estou entendendo.

– Doutor Bezerra não reconhece nela os sintomas comuns da histeria, como alegam os outros médicos. Ele diz que sua filha está sofrendo um processo chamado de obsessão. Um espírito a está subjugando e causando essa enfermidade.

– Chegou a essa conclusão pelo que ouviu dela?

– Num primeiro momento também ficou em dúvida, mas, depois, no centro em que trabalhamos, fomos informados por outro espírito que...

– Juca, desculpe-me, mas sou obrigada a concordar com Lúcio, se esse é o motivo do rompimento entre ele e o doutor Bezerra. Mesmo que eu não tenha lido tanto assim sobre o espiritismo, é fácil entender que isso é um absurdo. Posso concordar com os fundamentos morais dessa doutrina, pois são irretocáveis diante da fé puramente cristã, mas daí a julgar que os mortos podem nos causar doenças já é esperar demais. Minha filha está doente e precisa se tratar com a medicina.

A reação de Frau Lilsa deixou Juca um pouco surpreso. Ele era um entusiasta da nova doutrina e tinha certeza de que o doutor Bezerra estava certo. Já haviam tratado vários casos de obsessão, com sucesso, no grupo mediúnico onde trabalhava e estava ansioso para ajudar aquela família a quem devia tanto. Depois de mais um período de silêncio, falou:

– É um direito seu, como mãe, assim como é um direito de Lúcio, como marido. Mas eu gostaria que não fechassem todas as portas ao nosso tratamento, senhora. Eu devo muito a vocês, talvez minha própria vida, jamais tentaria enganá-los.

– Não estou duvidando de sua honestidade, nem do doutor Bezerra, que julgo ser uma pessoa idônea, mas, convenhamos, caro Juca, há muitos loucos honestos por aí.

Juca não conseguiu conter o riso diante da afirmativa de Frau Lilsa. Tinha esperança de convencer a mãe da necessidade de um tratamento espiritual para Ana Maria, a quem tinha imenso carinho, desde que esta lhe socorrera quando estava com a perna quebrada. Tão logo soube da vinda do casal para a capital do Império, quando terminou o contrato de Lúcio em Leopoldina, apresentou-se à casa e ofereceu seus serviços, fossem eles quais fossem. Desde lá manteve rotineiro contato com Lúcio e Ana Maria, sendo que através deles veio a conhecer mais amiúde o doutor Bezerra de Menezes e, através deste, por sua vez, tornou-se espírita. Portador de mediunidade ímpar, foi levado pelo médico ao Grupo Espírita Fraternidade,[19] presidido por João Gonçalves do Nascimento, famoso médium receitista que havia curado o próprio doutor Bezerra de uma dispepsia que o incomodava há muitos anos e que nenhum colega médico havia conseguido amenizar ao menos, embora os muitos tratamentos sugeridos.

Bezerra de Menezes e João Gonçalves já haviam conversado sobre tratarem de Ana Maria à distância, mas seria importante o contato do médico com a paciente, o que estava proibido por Lúcio. A esperança era encontrar alguma abertura com Frau Lilsa, mas, ao menos a princípio, Juca percebeu que isso seria difícil.

---

[19] Em 21 de março de 1880, por ter triunfado a corrente cientificista na *Sociedade Acadêmica Deus, Cristo e Caridade*, um grupo dissidente criou o *Grupo Espírita Fraternidade*, sob a presidência do médium João Gonçalves do Nascimento. O grupo atuou até 1890, quando se incorporou à Federação Espírita Brasileira.

Zezé, que acompanhava toda a conversa demonstrando sua habitual curiosidade, depois de mais um tempo de silêncio, falou:

– Eu sei que oceis não me perguntaram, mas uma coisa eu sei... ah! Se sei! Espírito existe sim... bom e ruim... e não é pouco não. O pai e a mãe viviam rezando pros bons protegê a casa dos Klaus, e eles protegiam. Num sei porque tanta querela sobre isso...

Frau Lilsa não falou nada e Juca apenas sorriu. Gostaria que os amigos pudessem ser simples como a Zezé, mas sabia que as crenças centenárias que embasavam o pensamento do ser humano tinham raízes profundas. Seria necessária muita paciência.

Capítulo 17

Lúcio de Castro recebeu a sogra com educação, mas dentro dos limites que os dois haviam impostos ao sentimento. No começo, Lúcio a respeitava mais, porém, com o passar do tempo e considerando-se cada vez mais seguro em relação à esposa, começou a romper os laços de influência entre mãe e filha. Demorar em avisar Frau Lilsa sobre a doença de Ana Maria era um exemplo disso. Também diminuíra sobremaneira as visitas a Petrópolis, por mais que Ana o questionasse sobre essa atitude. Sempre havia a desculpa do trabalho excessivo.

A conversa que ouvira dos empregados da família, logo após a morte de Herr Klaus, manteve-se incubada na memória de Lúcio. Por muito tempo refletira sobre ela até a exaustão. Somente com o passar dos anos relaxou, supondo sempre que Ana Maria casara-se com ele em dúvida sobre outro pretendente. Nunca teve coragem de perguntar sobre o assunto diretamente a ela, preferindo manter a vigília, que o levava também a sofrer consideravelmente a cada viagem de trabalho, pois sua mente viajava junto, porém, pelos atalhos lodosos do ciúme. Temia que a esposa pudesse receber seu rival enquanto estava distante e chegou até a contratar pessoas para vigiá-la. A conduta impoluta de Ana Maria saltava aos olhos e mesmo um dos detetives contratados chegou a aconselhá-lo: – É casado com uma santa... não há porque ter medo.

O tempo fez com que Lúcio sossegasse, porém, também fez com que passasse a culpar a sogra por toda a situação. Quem sabe não fora ela quem estimulara outro pretendente? Quem sabe ela achava que ele não era digno de desposar a filha? Frau Lilsa nunca fora um exemplo de simpatia e, mesmo que os conhecidos afirmassem que essa era sua maneira de ser, Lúcio achava-se preterido por ela.

Ana Maria dormia um sono agitado, quando a mãe entrou no quarto. Belmira, a mucama de Ana, logo foi falando:

– Que bom que vosmecê veio...

– Sim... como ela está?

– Agora tá mais quieta... mas as veiz fala muito e se bate... O doutor Bezerra tem razão, isso é espírito ruim... Já falei isso pro doutor Lúcio, mas ele é teimoso. Essa medicina dos branco não vai curar ela não...

Belmira era conhecida de Lúcio desde quando este chegara na capital para estudar. Era escrava da dona da pensão onde alugara um quarto e cuidava de tudo sozinha. Sua senhoria, embora não a maltratasse diretamente, lhe impunha uma carga de serviços que a fizera envelhecer precocemente. Desde que chegou na pensão, Lúcio a tratou com respeito, habituado que estava às ideias abolicionistas e à convivência com os negros na construção civil de Petrópolis, a maioria escravos. Belmira, por sua vez, se condoera da evidente tristeza daquele jovem estudante, que dividia o tempo entre os estudos e escrever longas cartas para a amada Ana Maria, sobre quem ouvira falar desde o primeiro dia.

Na despedida de Lúcio da pensão, este prometeu que um dia iria comprá-la e alforriá-la. Belmira agradeceu emocionada, imaginando que aquilo era apenas a empolgação da despedida. Sofrera muito na vida e ouvira muitas promessas, tanto que nem reclamava da carga exagerada de serviços na pensão, sabendo que poderia ter uma vida bem pior. A dona da pensão era uma portuguesa prática, que administrava um cortiço no centro da cidade, que pertencia a alguém da nobreza, mas que mantinha o nome na surdina,[20] e era dona sozinha da pensão para estudantes. Quando voltou ao Rio de Janeiro depois de ter trabalhado em Leopoldina, Lúcio fez uma proposta por Belmira, sem que esta soubesse. A negra já começava a não conseguir cumprir todos seus afazeres, por isso a dona da pensão, na sua pra-

[20] O conde D'Eu, marido da princesa Isabel, era um dos maiores exploradores de cortiços na cidade.

ticidade, vendeu-a sem ter dúvidas. Com o dinheiro pago por Lúcio conseguiria comprar uma negra mais jovem para substituir Belmira.

Depois de feito o negócio, Lúcio presenteou Belmira com a carta de alforria e ofereceu a ela um emprego em sua casa. A reação de Belmira foi um tanto espantosa: nos primeiros dias de vida nova quase não falou, a ponto de Ana Maria pensar que a negra não havia gostado da atitude de Lúcio. Somente depois de uma semana é que Belmira reagiu. O casal encontrou-a em pranto convulsivo no quintal da casa e, quando Ana a abraçou, ela apenas conseguiu falar:

– Então isso é verdade mesmo, sinhá? É verdade mesmo?

Belmira tinha cerca de cinquenta anos e andava com alguma dificuldade por causa dos pés sempre inchados. Engordara nos últimos anos e tinha os cabelos precocemente brancos. Quando começou a trabalhar na casa dos Castro, Belmira sofria com as dores nas juntas e na coluna, tinha inchaços nas mãos e nos pés e passava os dias quase sem poder trabalhar, o que a deixava ainda mais doente, pois queria trabalhar para agradecer Lúcio e Ana. Foi o doutor Bezerra que a curou, devolvendo a ela uma condição de saúde boa o suficiente para trabalhar sem dores, somente com os pés inchados.

– Diminua o sal – falava o doutor Bezerra, cada vez que visitava o amigo Lúcio. – Só o remédio não vai curá-la totalmente. Você tem que se ajudar...

– Ah! Doutor, essa nega já tá muito veia pra ficá se proibindo das coisa boa...

Frau Lilsa sabia de toda a história e gostava da negra, que cuidava de sua filha com extremos de dedicação, por isso, antes de se incomodar com a opinião dela sobre a situação de Ana, apenas abraçou-a, como um agradecimento mudo à sua dedicação, depois perguntou:

– Faz quanto tempo que isso começou? Como foi? – perguntou Frau Lilsa, ignorando a opinião de Belmira.

– Num sei se sou eu que tinha que contá essas coisa... mas se vosmecê tá priguntando... – respondeu Belmira, de maneira meio entrecortada, demonstrando sua dúvida se devia mesmo falar sobre o assunto.–Foi num dia que ela contou pro marido um sonho... um sonho ruim... faz umas treis semana... contou que viu um home entrando na casa de oceis lá em Petrópolis com uma faca na mão pra matá a senhora... Ela correu e se agarrou com ele. Disse que acordou assustada e não durmiu mais... O doutor Lúcio foi carinhoso e disse que ia levá ela pra vê a senhora no outro fim de semana... mas que nada... naquele mesmo dia ela teve um ataque. Encontrei ela caída no meio da sala... Ainda bem que a Magé tava aqui de cunversa fiada. Foi ela que correu a chamar o doutor Bezerra...

– Mas antes disso ela não reclamou de nada? A saúde dela estava boa? – perguntou Frau Lilsa, interrompendo Belmira.

– Nada, nada, nada... A moça sempre foi forte... Os médico tão dizendo que ela tem uma tal de histeria... Sei lá o que é isso, mas sei que não é... Isso é coisa de espírito ruim, e o doutor Bezerra também sabe que é isso.

Lúcio de Castro abriu a porta do quarto e ainda ouviu as últimas palavras de Belmira. Ficou parado a meio caminho entre entrar e sair, olhando para a negra com uma censura explícita nos olhos, depois entrou e manteve a porta aberta, dizendo para Belmira:

– Vai descansar um pouco, Belmira. Frau Lilsa veio para que você descansasse... Oriente apenas o que Anastácia deve fazer para o jantar.

A negra saiu em silêncio, arrastando o pé direito e encurvada. Frau Lilsa acariciou o rosto da filha, que aparentava apenas estar dormindo, mas que não reagia a nenhum chamado, depois foi sentar-se à cadeira onde estava Belmira.

– O que ela diz quando acorda? –perguntou a Lúcio.

– Às vezes ela apenas chora e pede que a ajude, outras vezes grita comigo... me expulsa do quarto... É muito estranho. Os médicos que a atenderam estão confusos também, mas todos convergem suas opiniões para o quadro da histeria...

– Poucas vezes ouvi falar sobre isso... É uma doença nova...

– Um dos médicos diz que as doenças são todas velhas, apenas estão ganhando nomes novos. Ontem mesmo recebi a visita de um colega de trabalho que me deixou esperançoso...

Lúcio não prosseguiu. Ficou olhando para a jovem esposa prostrada na cama, como se estivesse viajando nos pensamentos. Frau Lilsa esperou pacienciosa, entendendo o drama do genro, porém, como este se demorava a continuar, perguntou:

– Recebeu a visita de um médico? Há algum médico trabalhando para a companhia?

– Ah! Não... é o João Matoso, um amigo. Conheço-o desde meu primeiro emprego. Ele soube de um médico francês que está passando uns tempos no Brasil, mas que quer permanecer no anonimato. Parece ser uma pessoa famosa que veio pago pelo Império pesquisar nossas doenças, mas não quer alarde. O imperador é bem capaz disso... Bem, o que importa é que ele parece ser estudioso do assunto e foi aluno do próprio Charcot...

– Charcot? – perguntou a sogra, após mais uma interrupção de Lúcio.

– O médico que mais estudou a histeria... ao menos é o que os médicos daqui dizem...

– Mas ele atenderá Ana Maria?

– O João Matoso está providenciando isso. Disse que ele já atendeu outras pacientes, mas exige total anonimato.

– E como é o nome dele?

Lúcio riu, de maneira um pouco debochada, antes de responder:

– É para chamá-lo apenas de doutor F. Não quer divulgar seu nome verdadeiro.

– Isso não pode ser perigoso? Entregar minha filha assim, a quem não conhecemos?

– Com certeza será bem menos perigoso que entregá-la a estes lunáticos que veem mortos em todos os cantos. Eu bem que temia pela empolgação de Ana com essa nova doutrina. Todo dia tentava me convencer de ideias absurdas... Padre Otávio, meu confessor, já me precavera que muitas pessoas estão enlouquecendo por causa disso.

– Mas Ana não está louca...

– Não é muito diferente disso.

– Soube que o senhor rompeu com o doutor Bezerra de Menezes.

– Não rompi, reconheço que devo muito a ele, mas pedi que se afastasse. É difícil acreditar que esse grande médico tenha descambado para essa fantasia. Quero crer que ele ainda voltará à razão... Tenho firme esperança nisso. Então ele poderá voltar a frequentar esta casa.

– O senhor não estaria sendo exagerado? Afinal, como disse, deve muito a ele...

Lúcio encarou a sogra de forma ríspida. Quem era ela para sugerir que ele era ingrato? Será que ela não conseguia perceber que sua atitude era uma ajuda ao doutor? Que, se alguém realmente lúcido não tomasse uma atitude assim, ele poderia se perder cada vez mais? Pensou em sair e não responder, mas, lembrando que ainda devia respeito à mãe da esposa, falou:

– Dizem por aí que os remédios mais amargos curam mais rapidamente. Penso que minha atitude não é exagerada, mas sim um remédio amargo para quem está gravemente doente.

Falou isso e saiu do quarto, não esperando nova argumentação. Frau Lilsa também era contra a ideia de que a origem do mal da filha era espiritual. Na sua praticidade, a doença do corpo era tratada através do corpo. A mente era parte do corpo e assim deveria ser tratada. Porém, ver Ana Maria prostrada a deixava aflita e por algumas vezes já pensara que, se nenhum tratamento resultasse em melhora, apelaria para qualquer coisa, até mesmo o espiritismo.

Perdida que estava em seus pensamentos e se preparando para rezar, de olhos fechados, não percebeu que Ana Maria abriu os olhos, tampouco que ela sentou lentamente na cama, sem fazer barulho. O olhar da filha estava vidrado nela, como se não estivesse dormindo há segundos atrás, e um sorriso vago mexia seus lábios como um ricto. Depois de olhar para a mãe por algum tempo, falou, em alemão, com a voz arrastada:

– *Wie geht es Ihnen*, Lilsa Krieger? (Como vai, Lilsa Krieger?)

Frau Lilsa teve um sobressalto na cadeira. Sua memória rapidamente percorreu o tempo e instalou-se num passado distante. Que era aquilo? Mal teve tempo de olhar nos olhos da filha, pois esta, em seguida, voltou a deitar e a dormir.

Capítulo 18

O consultório do doutor Fábio Augusto estava desativado há muitos anos, na rua dos Andradas, porém, como o imóvel era da família, nunca se preocupara com ele. Até teve propostas para alugar ou mesmo vender, mas algo estranho se debatia dentro dele contra qualquer ideia de se desfazer dos seus aparatos médicos. Um tênue fio de esperança de um dia ser um médico de verdade ainda habitava em sua alma, frágil, mas não o suficiente para que simplesmente esquecesse sua formação acadêmica.

Quando entrou no consultório no início da tarde, logo após o almoço, ficou surpreso com a presteza com que Ataíde de Freitas providenciara tudo. Estava limpo, como se nunca tivesse ficado abandonado; a placa com seu nome, seus cartões e fotografias, tudo fora removido e o ambiente estava totalmente impessoal. Correu o dedo pela escrivaninha de castanheira, entalhada exclusivamente para ele; perdeu longo tempo olhando as estantes de livros. Quantos livros! O sonho de qualquer aluno de medicina estava ali, porém, poucas vezes os havia aberto. Na sala ao lado, o pequeno ambulatório rescendia à limpeza. As escravas passaram o dia anterior limpando tudo com esmero. Ataíde tentara dissuadi-lo de usar o local, alegando que Lúcio poderia conhecer o 'antigo' doutor que o usava e comentar com a sogra, o que seria um desastre para o plano, urdido tão sorrateiramente e com tantos cuidados. No entanto, Fábio tinha certeza de que ninguém daquela família jamais soubera qual médico usara aquele ambiente para trabalhar. O tempo havia passado e, na verdade, foram tão poucos os pacientes que atendeu, que esse risco não havia.

Diante do desespero de Lúcio de Castro, foi fácil plantar a ideia de um médico contratado pelo Imperador para implementar novas terapias no Hospício Pedro II.[21] Todos sabiam que Dom Pedro II era dado a isso e, como este médico era um ferrenho seguidor de Charcot, além de um grande pesquisador da histeria, ficou fácil convencer o marido de que o doutor atenderia Ana Maria visando seus interesses científicos. A distância de Lúcio com Bezerra de Menezes, que facilmente desconfiaria da situação, facilitou o embuste.

Às treze horas, chegou sua assistente, Maria Rosalina, contratada por Ataíde de Freitas. Uma portuguesa com seus 40 anos que já trabalhara de auxiliar das freiras da Santa Casa, e que agora ganhava a vida como parteira. Seria bem remunerada e estava perfeitamente orientada em como proceder com a família da paciente que seria atendida pelo eminente doutor F, que em hipótese alguma aceitava que sua identidade fosse revelada. O segredo fazia parte do acordo, do contrário, o doutor F não trataria a paciente. Estava no Brasil com incumbências específicas junto ao Império, e só atenderia alguns pacientes pelo amor à ciência e pela solidariedade, em resposta a pedidos de amigos muito especiais. O que foi dito a Lúcio de Castro era que esse amigo muito especial, no caso, fora Zacarias Góes de Vasconcelos, do Partido Liberal, porém da ala progressista e rival político de Bezerra de Menezes. Zacarias, por sua vez, teria atendido a um pedido de João Matoso. Ataíde de Freitas não perdera a oportunidade de atacar o antigo membro do Partido Liberal, da ala purista. Nos melindres da trama, João Matoso chegou a jurar a Lúcio que teve uma prima em estado semelhante à Ana Maria tratada e rapidamente curada pelo médico francês.

Maria Rosalina ajudou Fábio Augusto a colocar sua barba postiça e um óculos, numa tentativa de se esconder de Ana Maria, caso esta despertasse. Nem Lúcio de Castro, que não o conhecia, muito menos Frau Lilsa, poderiam vê-lo. A paciente daria entrada às quatorze horas e ficaria sob seus cuidados até as vinte horas, quando seria levada para casa, por tantos dias quantos fossem necessários. E assim foi feito. A carruagem de Lúcio, conduzida por Juca, que não

[21] O Hospício Pedro II, inaugurado no Rio de Janeiro em 1852, foi o primeiro hospital psiquiátrico do Brasil e da América Latina.

quis que nenhum empregado seu fizesse este serviço, pouco antes do horário marcado, parava em frente ao consultório. Para não atrair curiosos, tão logo a porta da frente abriu-se, dois escravos fortes transportaram a maca com Ana Maria.

Maria Rosalina tranquilizou Lúcio e Frau Lilsa, que fez questão de acompanhar a filha e insistia em permanecer ao seu lado, o que, evidentemente, seria proibido pelo médico. Ou confiavam nele e aceitavam sua maneira de trabalhar, ou não haveria tratamento. Ficou marcado para virem buscar a paciente as vinte horas.

– Mas eu consigo que ela coma – argumentou a mãe –, mesmo sem acordar, faço com que engula ao menos uma sopa...

– Ela será muito melhor tratada aqui, minha senhora – falou Maria Rosalina, experiente que era do seu tempo de hospital, transmitindo a maior confiança que podia.

Ana Maria foi colocada pelos escravos e por Frau Lilsa na cama do ambulatório e, em seguida, Maria Rosalina levou todos para fora. Quando o doutor F, que estava numa sala contígua ao ambulatório, ouviu que a carruagem partiu, entrou no ambulatório com o coração aos saltos. Ana Maria estava ali, ao alcance dos seus olhos, ao toque de sua mão. Ficou longos minutos ao lado da cama olhando para a paciente. Estava mais magra e com o abatimento expresso no rosto. A pele estava ainda mais branca e as olheiras marcavam com mais intensidade o contorno dos olhos, porém, ainda assim, estava bela, muito bela. Fábio Augusto teve mesmo a impressão de que a doença a deixara ainda mais linda. Mas, e agora, o que fazer? Defendia as ideias de Charcot sobre a histeria, mas, como tratar uma histérica desacordada? O sonho era rever Ana Maria em primeiro lugar, mas, acima de tudo, tinha a esperança sincera de poder tratá-la. Seria a situação ideal para ganhar um crédito imenso com a família e, mesmo estando Ana Maria casada, quem poderia dizer sobre o futuro?

Estava perdido entre a contemplação de Ana Maria e a preocupação real em administrar um tratamento eficiente, quando bateram à porta do ambulatório, fazendo com que se assustasse.

– Não o reconheceria se cruzássemos na rua – falou Ataíde de Freitas, tão logo Fábio Augusto abriu a porta.

– O que o trás aqui? Não é de bom alvitre sua presença, todos sabem o quanto é ligado a mim.

– Desculpe-me, mas apenas vim prestar-lhe um obséquio. Havia me pedido que encomendasse um livro que não acreditava encontrar por aqui...

– Sim, um livro de Charcot sobre o tratamento da histeria pela hipnose, mas...

– Pois, aqui está – falou Ataíde de Freitas, entregando a Fábio um embrulho. Este demorou alguns segundos em apanhá-lo, como se estivesse incrédulo. Pegou-o ainda desconfiado, mas seus olhos brilharam de surpresa quando viu que era verdade, tão logo rasgou o papel que o embalava.

– *Sur les divers états nerveux déterminés par l'hypnotisation chez lês hystériques*,[22]de Jean-Martin Charcot – leu em voz alta, ainda um pouco incrédulo – Como você conseguiu? Pensei que teria que esperar muito tempo por ele. Foi publicado há pouco tempo, não pensei que encontraria um exemplar por aqui.

– O amigo sabe que tenho meus contatos, afinal, dependo disso para viver. Este livro pertence ao Império e será doado ao Hospício Pedro II. Veio numa remessa recém-chegada da Europa. Não foi difícil desviá-lo.

– Será bem recompensado, Ataíde.

– Já estou sendo, meu amigo, já estou sendo – falou, já da porta do ambulatório. Fábio Augusto nem se incomodou em despedir-se. Sentou na sua poltrona, olhou longamente para a paciente, depois puxou o relógio do bolso do colete e viu que passava um pouco das quinze horas. Respirou profundamente e começou a ler.

* * *

Às dezessete horas daquele dia 5 de outubro de 1886, o mesmo dia em que Fábio Augusto recebia Ana Maria para o suposto tratamento, o senhor João Gonçalves do Nascimento, acompanhado pelo doutor Bezerra de Menezes e os demais participantes do grupo

[22] Sobre os diversos estados nervosos determinados pelo hipnotismo nos histéricos, publicado em 1882, em Paris.

espírita fraternidade, entre eles Juca, reuniam-se na rua América, no bairro da Gamboa, para uma reunião especial. O doutor Bezerra, deveras preocupado com o estado de saúde de Ana Maria Castro, propusera ao médium João Gonçalves do Nascimento um atendimento especial *à* mesma, já que estava convicto da origem espiritual de sua doença. Não havia muito tempo, no ano de 1884, o doutor Bezerra começara suas atividades práticas no espiritismo através de reuniões de desobsessão para tratar seu filho Antônio, que então cursava o segundo ano de medicina. Os médicos atestaram seu estado como de loucura, porém, somente após a evocação do espírito que o obsidiava *e após muitas reuniões, até que este se convencesse da necessidade do perdão*, é que Antônio encontrou alguma paz.

João Gonçalves, como diretor do grupo, eleva ao Criador uma oração singela e comovida, pedindo a proteção dos bons espíritos para o atendimento. Após a oração, o senhor Frederico[23] começa a respirar com dificuldade, até que se empertiga e olha para o diretor da reunião, depois fala, arrastado, com grande dificuldade em pronunciar as palavras:

– O que querem de mim? Por que me trouxeram aqui desta forma?

– Que Deus o abençoe, meu filho – começou dizendo o diretor do grupo, com suavidade e segurança, depois continuou: – Estamos aqui em nome de Deus e com o único interesse em ajudá-lo...

– Então me deixem partir... Por que me prendem? Acham que vou abandoná-la? Ela é minha... minha... Quem são vocês para tentarem atrapalhar minha vingança...

– E o que teria feito essa pobre moça de tão grave para que queira uma vingança?

– Ela... não é dela que quero me vingar... mas isso não interessa a vocês...

– Nos interessa muito, é para isso que estamos aqui, rezando a Deus... Mas, se não é ela o foco da vingança, por que a maltrata?

[23] Frederico Pereira da Silva Junior, conhecido como um dos mais importantes médiuns do movimento espírita brasileiro no seu início. Em 5 de fevereiro de 1889, recebe as *Instruções de Allan Kardec aos Espíritas*, na Sociedade Espírita Fraternidade, Rio de Janeiro.

– A mãe... a mãe dela... há de sofrer por ter me traído... Eu tentei me vingar na mãe, mas ela é forte, e protegida... mas descobri a filha... descobri que a vingança pode doer muito mais.

– Meu filho – falou João Gonçalves, com entonação realmente paternal –, a vingança só traz dor a quem a pratica...

– Ela tem que sofrer... era minha mulher... casou comigo, tinha que se manter fiel...

– Frau Lilsa era sua esposa?

– Lilsa Krueger... casou comigo antes de virmos, mas eu não cheguei... morri na viagem... por causa dela... Morri defendendo ela de outros homens... Ela tem que sofrer, eu não merecia isso... Por muito tempo tentei me vingar, mas aqueles pretos não deixavam, cuidavam da casa e da família noite e dia... mas a filha saiu da casa, o marido dela não é tão bom assim, tem ciúme... foi mais fácil...

Entendendo o apego do espírito aos seus próprios motivos, João Gonçalves pediu ao grupo que se fortalecessem na oração e ele mesmo orou com fervor por aquele irmão, que mais que algoz era uma vítima de sua própria incompreensão. O que sabia da família da obsidiada era da parte do seu amigo Bezerra de Menezes, mas este também não conhecia tantos detalhes da história pregressa da mãe de Ana Maria. No final da ora*ção,* Frederico Júnior, que recebia o obsessor, começou a respirar com mais naturalidade e, depois de pouco tempo, falou:

– Ele será mantido distante da paciente por algum tempo, mas ainda voltará aqui para terminarem o atendimento. Por hoje já basta. Agradeçam a Deus pelo trabalho.

* * *

O doutor Fábio Augusto estava mergulhado na leitura de seu livro, entusiasmado com as possibilidades que descobria a cada página, quando ouviu uma respiração mais profunda da paciente. Levantou-se bruscamente e foi para o lado da cama, logo percebendo que esta respirava de forma descompassada, para, em seguida, abrir os olhos e falar:

– Mamãe...

Assustado, Fábio Augusto, num ato reflexo e tomado de carinho pela moça, apanhou sua mão, fazendo com que ela olhasse em sua direção e repetisse:

– Lúcio... é você? Não o vejo... Não consigo ver, por que está tão escuro?

Ana Maria falava num sussurro e movia os olhos com alguma ansiedade. Não o via. Acabara de ler que a cegueira podia ser uma das consequências da histeria mais grave. Ali estava o resultado do estudo científico: conseguia compreender rapidamente o quadro apresentado pela paciente. Que magnífico era o conhecimento!

Capítulo 19

Juca saiu da reunião extasiado. Trocou ideias com o doutor Bezerra sobre o assunto e, mesmo com a orientação deste sobre a importância de não deixar a curiosidade sobrepujar a ética, ficou decidido a descobrir mais detalhes da vida passada de Frau Lilsa. Não era apenas curiosidade, pensava, no caminho de volta para casa, que era parte do trabalho de ajuda a Ana Maria. Se aquele espírito tinha seus motivos para se vingar, mesmo que errados, era preciso conhecer melhor a história, e urgentemente.

Parou seu coche na frente da casa, na Estrada Velha da Tijuca, um pouco depois de deixar o doutor Bezerra na sua, pois moravam próximos, e ficou pensando, relembrando cada palavra que ouvira do médium. Marido de Frau Lilsa! Então Herr Klaus não fora seu único marido. E se isso fosse realmente verdade, como tinha certeza que era, não mudaria as convicções da mãe de Ana Maria? O próprio Lúcio de Castro não poderia mudar de opinião sobre o espiritismo, dado a singularidade do fato? Sim, era sua grande chance. No outro dia, tão logo pudesse, iria procurá-los.

– O que faz aí, Juca? Vem jantar... – gritou a Magé, saindo à porta da boa casa onde moravam.

A noite estava quente e no céu uma lua cheia aparecia e desaparecia entre as nuvens. Havia chovido no final da tarde e a umidade aumentava a sensação de calor. Juca não tinha fome, por isso recolheu o coche e sentou sob um flamboyant no quintal, o que chamou a atenção da esposa, que logo veio sentar ao seu lado no banco de tábuas.

– O que há? Algum problema?

Magé caprichava cada vez mais na pronúncia das palavras. Tinha aulas particulares de gramática, história e literatura, o que achava enfadonho, mas as tomava para agradar o marido. Era a luta de Juca para transformar os gostos da esposa, que ainda se entretinha muito mais em fuxicar com as vizinhas, ou mesmo com as escravas destas, já que a maioria dos vizinhos eram brancos e não consideravam aqueles negros da mesma maneira que os demais.

Magé abraçou-o com carinho quando fez a pergunta e beijou seu rosto, posto que sempre fora muito carinhosa, e como Juca estava com o assunto pressionando seu peito, contou a ela todo o ocorrido. À medida que contava, os olhos da esposa iam se enchendo de brilho, o que o fez relutar em continuar a história, mas percebeu que era tarde. Após terminado, e após repetido com muitos detalhes, pediu encarecidamente a ela que o assunto não saísse de dentro de casa. Era muito importante que ninguém mais soubesse daquilo e Magé jurou segredo.

O dia seguinte foi por demais atribulado para Juca e, mesmo que tivesse tentado encontrar tempo para visitar Lúcio de Castro, não o conseguiu. Ao chegar em casa, já tarde da noite, encontrou a esposa dormindo, o que achou um tanto estranho, pois ela sempre o esperava, independente da hora que chegasse. Foi a criada que lhe serviu o jantar e esta disse não saber o motivo de a patroa deitar tão cedo. Pela manhã, tão logo sentou à mesa para o café, a mesma criada o informou que o senhor Lúcio de Castro queria falar com ele.

– Ele mandou recado por alguém? Diga que irei para a casa dele em seguida...

– Ele tá aí, sinhô... tá lá no jardim, não quis entrar.

Juca pulou da cadeira e foi para o jardim, preocupado. O que poderia ter acontecido de grave para o amigo vir tão cedo à sua procura? Encontrou Lúcio à sombra do mesmo flamboyant onde conversara com Magé. O sol já estava quente, mesmo que o dia apenas começasse.

– Espero que não seja nada grave que o traga aqui tão cedo...

– Quem lhe autorizou a levar nosso problema para um grupo de loucos, caro Juca? Quando foi que lhe dei autorização para tentar resolver os problemas da minha família? – falou Lúcio de Castro, visivelmente alterado.

– Em nenhum momento quisemos causar algum incômodo, meu amigo. Nossa intenção era somente ajudar.

– Ajudar? Revirando o baú do passado, de onde costuma apenas sair traças e amarguras?

– Como disse, a intenção era boa...

– De boas intenções o inferno está cheio... e de loucos como vocês o hospício também. Fiquem sabendo que Ana Maria está sendo tratada pela ciência legítima. O médico para onde a levou há dois dias fez com que acordasse e ela já está passando bem. A medicina a tratou com seriedade e sem fantasias ou magias, por isso, caro Juca, espero que não mais se intrometam em nossa vida com esses assuntos – falou, colocou o chapéu e dirigiu-se à saída.

– Dona Ana acordou? Ela está bem? – perguntou Juca, timidamente, diante da conduta de Lúcio, que parou no portão para responder:

– Está se recuperando. O doutor F está conduzindo o tratamento e a cada dia ela melhora mais.

– Posso saber quando ela acordou, senhor Lúcio?

– No primeiro dia... mas, por que pergunta isso?

– Nada de mais, somente preocupação com a amiga... e não se preocupe, farei o que pede.

Magé estava na porta da casa com os olhos molhados e cobrindo parte do rosto com as mãos. A pobre Magé, que ainda não conseguia segurar a língua. Que estrago havia feito às intenções de Juca! Não quis falar com a esposa, apenas entrou em casa para apanhar o chapéu e saiu. Precisava falar com o amigo Bezerra, que também estava envolvido na situação e, de antemão, pedir desculpas pela atitude da esposa. Porém, ao chegar na casa do amigo, soube que o mesmo já havia saído para o consultório, mas ficou estarrecido ao saber que Lúcio, antes mesmo de ir à sua casa, já havia passado lá e destratara o doutor, pedindo que se afastasse definitivamente de sua casa.

O estrago que Magé causara tinha sido bem maior. Não sabia o que fazer. Como remediar seu próprio erro? Já aprendera que os assuntos tratados dentro da reunião mediúnica não deviam ser comentados e ele foi falar logo para a esposa, sabidamente irresponsável.

Ansioso com a situação, levou seu coche até a rua onde morava Lúcio, pensando em conversar pelo menos com Frau Lilsa e pedir-lhe desculpas. Parou um pouco antes da casa, indeciso ainda, porém, a sorte o ajudou: Frau Lilsa saía de casa acompanhada de Zezé, que carregava uma cesta de palha. Provavelmente iam ao empório de secos e molhados, que era bem próximo. Juca pulou do coche e correu para alcançá-las.

– Bom-dia, Juca! – falou Frau Lilsa com um sorriso, ao vê-lo aproximar-se.

– Bom-dia, senhora... parece que não está zangada comigo.

– Não, não tenho motivos. Acho que você poderia perguntar diretamente a mim sobre o passado, pois este nunca foi nenhum segredo, mas não estou zangada.

– A intenção não era essa, senhora. Queríamos apenas ajudar Ana Maria. Não sabíamos quem iríamos atender.

– Já está quase tudo bem, meu filho – falou Frau Lilsa, parando na esquina do empório. Até então conversara sem parar de caminhar. A maneira como falou, carinhosamente, aliviou um pouco o peso da consciência de Juca.

– Perdoe a minha Magé, ela não devia ter feito o que fez. Eu mesmo a procuraria, senhora, mas sem a intenção de ser novidadeiro, muito pelo contrário...

– Ana Maria está em casa – atalhou Frau Lilsa. – Está lúcida e gradualmente recupera a visão.

– Recupera a visão? Como assim? Estava cega?

– Estava... mas está melhorando. Embora eu não acreditasse a princípio, hoje tenho que reconhecer a eficiência desse doutor F.

– Desculpe, senhora, também reconheço que esse médico é eficiente, mas a senhora não acha ao menos curioso que Ana Maria tenha se recuperado no mesmo dia em que atendemos... o... esse...

– O espírito do meu ex-marido?

– Se ele é mesmo seu ex-marido, é ainda mais curioso. Ninguém no grupo sabia sua história...

– Ninguém?

– Como alguém saberia isso?

– Juca, estimo muito sua amizade e por isso mesmo lhe falarei isso: Ana Maria já havia contado a Lúcio sobre Egbert Krieger, meu primeiro marido, que faleceu no navio que nos trouxe ao Rio de Janeiro. Este, por sua vez, já havia comentado com o doutor Bezerra de Menezes, porque eram amigos. Veja bem, assim fica fácil de se erguer a lona do circo e montar um espetáculo...

– Mas, senhora...

– Por favor, Juca, que o assunto morra por aqui, porque a extensão dele só trará desconforto à nossa amizade. O doutor Bezerra já está proibido de entrar em nossa casa, não quero que isso venha a lhe acontecer também.

Juca não soube o que dizer. Frau Lilsa sorriu mais uma vez e entrou no empório, deixando-o confuso. Sabia o que havia acontecido e que a comunicação não fora uma fraude, mas como provar, se o doutor Bezerra sabia do caso antecipadamente. Por que o médico não falara nada do que sabia? Ah! Era óbvio! Jamais seu amigo seria indiscreto. O assunto discutido durante a comunicação ficaria limitado somente às palavras ouvidas por todos. Que grande exemplo de sobriedade! O quanto sua Magé ainda tinha que aprender sobre isso.

Quando Frau Lilsa saiu do empório, Juca a acompanhou novamente:

– Haveria algum problema em visitar minha amiga? – perguntou.

– Você não está proibido de nos visitar, mas gostaria de lhe pedir que cuidasse dos assuntos que venha a conversar com minha filha. Ela ainda está frágil.

– Nada de espíritos...

– Isso mesmo, nada de espíritos... Que os mortos fiquem em seu lugar.

Capítulo 20

– Parece que fiquei muitos dias alienada, meu caro Juca, e agora minha família me trata como uma criança e não me contam ao certo o que aconteceu comigo... – falou Ana Maria, tão logo Juca sentou na cadeira que lhe foi oferecida por Belmira, ao lado da cama.

– Uma criança não, dona Ana, mas uma pessoa que está se recuperando de uma grave doença...

– Quantas vezes já lhe pedi para não me chamar de dona, Juca? Não sou dona nem da minha memória... lembro pouco do que aconteceu e estou vendo que você já foi instruído a também não me contar. Mas não vou lhe causar embaraços, pois mesmo sem conseguir enxergar direito, imagino que minha mãe está fiscalizando com o olhar até suas expressões.

– Minha amiga... por favor...

– ... então me conte o que há de novo na cidade, você que conhece todas as notícias por trabalhar por ela toda...

– Lembra do visconde de Courcy, aquele francês cheio de ideias malucas? Pois é, teve uma ideia genial para resolver o calor do Rio de Janeiro: propôs que fosse derrubado o Pão de Açúcar para que se melhore a ventilação da cidade...

Tanto Ana Maria quanto Frau Lilsa ficaram perplexas alguns segundos, esperando a continuação do assunto, para depois começarem a rir. O riso prosseguiu e transformou-se em gargalhada. O som do riso espalhou-se pela casa, para espanto dos empregados, que há tanto tempo não sabiam mais o que era aquilo. Repentinamente a casa alegrou-se e todos riram juntos, como se o riso fosse um mantra que limpasse do ambiente as tristezas e incertezas. O riso cristalino de Ana Maria parecia acender novamente a luz que andara ausente naquele lar.

– O que mais, meu amigo? Conte-me mais coisas alegres...

– Lamento lhe dizer que esta sua ausência a fez perder uma grande apresentação de Sarah Bernhardt no teatro Dom Pedro II. Foi esplendoroso...

– Ah! Mas isso é lamentável! Essa doença insólita não poderia ter escolhido outra época para me atacar? Eu estava ansiosa para vê-la... e a dona Dodoca?[24] Eles foram, com certeza...

– Dona Cândida Augusta queria muito ir, mas a pequenina Hilda,[25] que mal completou dois meses, não se encontrava muito bem. Era apenas um resfriado, mas ela não admitiu ausentar-se, mesmo que fosse por pouco tempo. Mas foi a Ernestina[26] quem mais lamentou perder o espetáculo. Implorou ao pai que a acompanhasse e este até faria gosto em levá-la, mas seus muitos pacientes não o permitiram. Você sabe que ele não os deixa por nenhum motivo...

– Ah! Nosso grande médico! Quanto sacrifício faz pelos que sofrem... Um médico não tem o direito de terminar uma refeição, nem de escolher hora, nem de perguntar se é longe ou perto, quando um aflito qualquer lhe bate a porta. O que não acode por estar com visitas, por ter trabalhado muito e achar-se fatigado, ou por ser alta noite, mau o caminho ou o tempo, ficar longe ou no morro; o que, sobretudo, pede um carro a quem não tem o que pagar a receita, ou diz a quem chora à porta que procure outro, esse não é médico, é negociante de medicina, que trabalha para recolher capital e juros dos gastos da fortuna. Esse é um infeliz, que manda para outro o anjo da caridade que lhe veio fazer uma visita e lhe trazia a única espórtula que podia saciar a sede de riqueza do seu espírito, a única que jamais se perderá nos vaivéns da vida...

---

[24] Cândida Augusta de Lacerda Machado – Dodoca – foi a segunda esposa de Bezerra de Menezes. O casamento aconteceu em 21 de janeiro de 1865. (*Bezerra de Menezes na intimidade*, de Jorge Damas Martins. Editora Novo Ser).

[25] Hilda (Hildinha), nascida em 16 de agosto de 1886 (*Bezerra de Menezes na intimidade*, de Jorge Damas Martins, Novo Ser Editora).

[26] Zizinha (Ernestina), nascida em 22 de setembro de 1867 (*Bezerra de Menezes na intimidade*, de Jorge Damas Martins, Novo Ser Editora).

Ana Maria repetiu a conhecida opinião do doutor Bezerra em voz baixa e pausada, de olhos fechados e mergulhada em si mesma, causando evidente desconforto na mãe, que ainda estava embevecida pelo riso da filha há poucos minutos. Depois de falar, a filha ficou em silêncio. Sabia que repetir a opinião do amigo era uma pergunta velada: por que não posso mais vê-lo?

– Meu amigo Juca, você pode me responder o motivo real da desavença entre Lúcio e o doutor?

Juca olhou para Frau Lilsa, esperando que esta o ajudasse. Depois de alguns segundos de reflexão, ela apenas assentiu com a cabeça, aparentemente deixando-o livre para tratar do assunto.

– Foi o espiritismo, minha amiga, como você já deveria imaginar – por fim respondeu Juca.

– Meu marido continua achando que somos um bando de lunáticos.

– Poucas vezes vi uma pessoa tão obstinada sobre um conceito. Ele é inflexível...

– A mãe dele foi perseguida em Portugal, quando ele ainda era criança... A mãe dele era esclarecida. Já ouviu falar em Owen? – perguntou Ana Maria.

– O socialista galês, que reduziu a jornada de trabalho da sua fábrica têxtil e mandou construir casas para os operários?

– Esse mesmo. Na verdade ele foi precursor dos movimentos sociais de que se está falando na Europa. A mãe de Lúcio levantou a bandeira da igualdade defendida por Owen e isso incomodou algumas pessoas, como sempre acontece. Mas o problema maior era o fato de ela ser médium numa época que mediunidade não havia sido revelada como está sendo agora pelo espiritismo. Os inimigos que vinha conquistando viram nas manifestações da mediunidade o motivo para atacá-la. Era magnetizadora. Aprendera a magnetizar com um discípulo direto de Mesmer... curou muita gente, mas foi atacada por isso, e o pai de Lúcio, que já não conseguia mais sustentar a família, viu na fuga para o Brasil a saída para os problemas.

– Mas isso é muito semelhante ao que acontece com o doutor Bezerra... Estão aproveitando da confissão dele como espírita para denegri-lo ainda mais. Todas as suas obras de quando estava na política estão sendo rapidamente esquecidas. Pouca gente comenta do seu desprendimento em ajudar tantos necessitados, só falam em loucura e misticismo...

– Sim, meu amigo... e por isso mesmo fico ainda mais entristecida por meu marido, mas não o culpo e tenho paciência. Ele ouviu do pai por muito tempo que a mãe era uma lunática que só trouxe problemas para a família, embora ele a amasse... Creio mesmo que será essa a grande missão dos espíritas: trabalhar para que a luz vença as trevas da ignorância. Não será nada fácil.

Frau Lilsa sabia o quanto as palavras da filha se dirigiam a ela, por isso, depois de algum tempo de reflexão, falou:

– Eu não sou contra o espiritismo, minha filha. Também não concordo com a desavença entre Lúcio e o doutor Bezerra. Apenas entendo que o espiritismo não deve tentar se imiscuir em assuntos médicos, como é o seu caso. Veja o trabalho do doutor F, não fosse por ele talvez não estivéssemos nem conversando...

– Mas, senhora...

– Por favor, Juca, por favor... já falamos sobre isso...

– Ela não vai acreditar, Juca. Nem Lúcio... preferem acreditar em outra coisa inexplicável: como pode ter um médico conseguido o que diz que conseguiu se eu estava desacordada? O tratamento da histeria não se dá por hipnose? Como se hipnotiza uma paciente desacordada? Alguém pode me dizer isso?

– Não sabemos que tipo de tratamento ele empregou, mas sabemos que você está aqui e se recuperando...

– O que me salvou foi o atendimento feito ao espírito que estava comigo – falou Ana Maria, para estupefação de Juca e Frau Lilsa.

– Quem lhe falou sobre isso? – perguntou a mãe.

– Ninguém me falou... um pouco antes de despertar, eu sonhei com isso. Vi o espírito ser levado por médicos... era o mesmo espírito que eu já havia sonhado antes, aquele que tentou atacar a senhora.

Frau Lilsa levantou da sua cadeira evidentemente perturbada e andou pelo quarto. Juca estava impressionado com o que acabara de ouvir e sentia vontade de se ajoelhar na frente da mãe de Ana Maria e implorar que acreditasse no que realmente estava acontecendo. Por fim, ela parou ao lado da cama e falou:

– Minha filha, tenho que concordar que há coisas que estão longe da minha compreensão, mas, neste momento, lhe peço: termine o tratamento proposto pelo doutor F, depois disso prometo me empenhar em conhecer mais sobre o espiritismo.

– Posso saber qual tratamento ele propõe? – perguntou Juca.

– Minha filha precisa se internar em seu consultório uma vez por semana, como aconteceu no dia em que você mesmo a levou. Ele não disse quantas vezes será necessário.

– Alguém já conseguiu falar com ele? Saber quem ele é?

– Somente eu conversei com ele, Juca, quando acordei. Ele tentou falar comigo em francês e em inglês... eu não entendia bem o que estava acontecendo. Era estranho, mesmo que eu estivesse aturdida, aquela voz me causava profundo mal-estar. Por fim, falou comigo num português sofrível, com forte sotaque francês e disse que a enfermeira passaria para a família as orientações necessárias.

Ana Maria falou e recostou a cabeça no travesseiro, demonstrando cansaço. De imediato Juca levantou e falou:

– Oh! Acho que me alonguei demais na visita... É melhor deixar que descanse...

– Sua presença nunca me cansa, Juca. Gostaria que me fizesse um favor.

– O que pedir, minha amiga.

– Perguntar ao doutor Bezerra se ele se incomoda se a Zizinha vier me visitar.

– Duvido que ele seja contra...

– Também duvido, mas seria um direito dele estar magoado com a atitude de Lúcio... Então...

– Mas será que Lúcio não se oporia?

– Eu não sou uma prisioneira, Juca, ao menos não de forma tão declarada...

Frau Lilsa percebeu a sutileza da resposta da filha, que falou já deitada novamente, mais uma vez demonstrando cansaço, mas não um cansaço oriundo somente de seu estado físico ainda debilitado. Na modulação das palavras de Ana Maria vinham fagulhas de tristeza e ela sabia que sua posição em relação à crença da filha também as causavam.

Capítulo 21

Em 1872, vamos encontrá-lo como um dos incentivadores da Companhia Arquitetônica, com a tarefa de realizar grande desenvolvimento urbanístico. O estabelecimento da Companhia está ligada à história do bairro de Vila Isabel. No dia 22 de outubro de 1873, o barão de Drummond fundou a Companhia Arquitetônica de Vila Isabel, tendo o doutor Bezerra como um dos diretores. Então, a Companhia planejou o novo bairro, que tinha por modelo os bairros de Paris(...)

Em outra frente de negócios, o doutor Bezerra prosseguia na nobre missão de desenvolvimento do Rio de Janeiro, contribuindo na criação abençoada de mão de obra, especializações e crescimento social. É assim, que ele, mostrando dinamismo e tino para os negócios, atuará na Companhia Carris Urbanos de São Cristóvão(...)

A linha que explorava partia do largo de São Francisco, no centro histórico da cidade, até o bairro de São Cristóvão, inaugurada ainda em 1873. Em dois anos – já tendo o doutor Bezerra de Menezes na presidência – instalou ramificações até o Caju, o Rio Comprido e a Tijuca. Em seu auge, a empresa chegou a possuir um quantitativo de 150 carros, 2000 animais, e 600 empregados.

Em 1871, vamos encontrá-lo no Conselho de Administração da Imperial Companhia de Seguro Mútuo Contra Fogo. Em 1874, assume a presidência dessa companhia, administrando, na época, 5900 contratos.

(Do livro *Os Bezerra de Menezes e o espiritismo*, de Jorge Damas Martins. Novo Ser Editora)

Uma estranha sensação tomou conta de Fábio Augusto nos dias que se sucederam ao despertar de Ana Maria. Sentiu-se médico novamente, mas o que ele realmente fizera para o restabelecimento da paciente? Nada, absolutamente nada! Porém, o conhecimento científico voltara a correr em suas veias e seu pensamento agora não conseguia mais desligar-se do quadro clínico de sua amada. Amada? Que amor louco era aquele, onde só ele amava, e amava cada vez mais? A vontade de encontrar uma cura real e definitiva para ela vinha do médico que ainda havia dentro dele ou desse amor desenfreado? Ou ainda, em outra hipótese, que por vezes se sobressaía em seu pensamento: não seria uma luta anônima contra seu desafeto, o doutor Bezerra de Menezes, que o vinha desafiando e ganhando os desafios durante a vida? Não dissera ele que o problema era causado por um espírito maligno? Se ele, Fábio Augusto, não fizera nada de concreto para a melhora de Ana Maria, tampouco fizera alguma coisa contra qualquer espírito do mal. Espírito do mal? Ele mesmo se achava ridículo quando se pegava pensando assim. O que existia era o corpo e a mente, nada mais.

Por vezes conseguia sentir uma onda de regozijo ao considerar que, pela primeira vez, havia superado o inimigo. Porém, era uma vitória que, ao menos por enquanto, precisava ficar no anonimato, por mais que tivesse que se conter para não ir até o consultório do doutor Bezerra e alardear a todos os pacientes a sua fraudulência ou publicar nos periódicos sua falácia. O que realmente o tolhia era a necessidade de Ana Maria mudar seu conceito sobre o antigo Fábio Augusto. Por enquanto não podia revelar-se, mas, se ela passasse a pelo menos respeitá-lo, quem poderia prever o futuro? Embora paciência nunca tivesse sido seu ponto forte, que maravilhas o amor fazia em sua têmpera! Estava disposto a esperar.

Como a única chance de conseguir algum lugar no sentimento dela era ajudando-a a curar-se, passou a estudar alucinadamente tudo que encontrava sobre o caso. Passou horas e horas na biblioteca da Escola de Medicina, comprou livros e os lia até a madrugada em casa. Esquecera quase que por completo do real motivo de sua volta ao Brasil. Chegara a ir até a fazenda e certificara-se de que a produção de café continuava alta, mas contratara um administrador para se encarregar provisoriamente do transporte e venda do produto. No momento não podia perder tempo com coisas tão comezinhas.

Ataíde de Freitas continuava a vigiar os passos do doutor Bezerra de Menezes, bem como os de Lúcio de Castro. Ele mesmo instruíra Fábio sobre a possibilidade de 'algum acidente' poder acontecer ao marido de Ana Maria no futuro, por isso era importante ele desfazer a má imagem que deixara com a família no passado. Se ele fosse respeitado como o médico que devolveu a saúde à filha de Frau Lilsa, num caso tão complicado, por certo poderia pelo menos se aproximar da paciente sem rejeição e, além do mais, uma viúva sempre seria mais suscetível a um bom casamento. Num primeiro momento, a ideia do acidente com Lúcio revoltou-o, porém, a proporção que o sentimento pela paciente tomava em seu peito já começava a justificar qualquer atitude, qualquer loucura.

No dia 13 de outubro de 1886, cerca de uma semana após a primeira consulta, Fábio Augusto passara a manhã toda em seu consultório estudando. Saíra somente para o almoço próximo ao meio dia, porém, sentou-se à mesa sozinho no restaurante Rio Minho, na rua do Ouvidor, pensando em fazer uma refeição rápida. Alguns membros do Partido Conservador dividiam outras mesas, mas apenas os cumprimentou sem sorrisos, indicando que não queria conversa. No entanto, esta era uma de suas primeiras aparições públicas desde que voltara da Europa, então foi inevitável que algumas pessoas viessem cumprimentá-lo, por mais que não fosse uma figura das mais populares, o que o deixou irritado. Ficou ainda mais irritado quando um senhor que não lembrava conhecer, mas que conhecia a ele, certamente, aproximou-se da mesa e falou:

– Com licença, doutor Fábio Augusto, permite-me alguns minutos de sua atenção?

– Hoje não tenho tempo, meu caro. Sou obrigado a comparecer a um compromisso em breve tempo...

– Ah... não se preocupe, serei breve, além do mais, o que tenho a lhe dizer creio que seja do seu interesse – falou já mais baixo e puxando uma cadeira para sentar-se. – Meu nome é João Matoso, sou engenheiro da Dom Pedro II[27]e amigo de Ataíde de Freitas, a quem tenho prestado alguns favores...

---

[27] Companhia Estrada de Ferro Dom Pedro II. Após a proclamação da República (1889), passou a ser chamada Central do Brasil.

Fábio Augusto sentiu-se rapidamente constrangido. Lembrou quem era aquele inconveniente. Havia-o conhecido num breve encontro um dia antes de embarcar para a Europa, quando se despedia dos companheiros de partido numa última noitada e desde aquela vez não tivera uma boa impressão. Sabia que Ataíde o usara para o plano de ter Ana Maria como paciente, porém, o combinado era que, em hipótese alguma, o mesmo soubesse quem era o médico que a atenderia. Será que havia descoberto os meandros da trama? O que poderia querer dele, já que não tinham nenhuma amizade?

– O que pode ser do meu interesse, senhor? – perguntou Fábio, bastante desconfiado.

– Posso dizer que o interesse é mútuo, meu caro. Temos um inimigo em comum, o doutor Bezerra de Menezes...

– Em nada me interessa a vida desse falso médico, principalmente agora que se uniu a um bando de alienados, esses espiritistas.

– Também não comungo em nada dessa história de ouvir os espíritos, mas o assunto é outro. O senhor sabe que ele e Lúcio de Castro estão rompidos, não é mesmo? Eu me tornei muito amigo de Lúcio, mesmo que no fundo eu o despreze, mas mantive esta amizade por saber que o senhor Ataíde de Freitas está interessado nesse engenheiro de meia pataca.

– Acho que esses assuntos deveriam ser tratados com o Ataíde. Não entendo o que pode me interessar nisso.

João Matoso sorriu com algum sarcasmo diante do comentário, deixando claro que sabia do conúbio entre este e o detetive, para desconforto ainda maior de Fábio.

– Não sou dado a rodeios, caro doutor. Sei bem da sua rivalidade com o doutor Bezerra e tenho liberdade em falar isso porque estamos no mesmo barco. Esse homem que quer ser correto acima dos limites humanos causou-me muitos dissabores enquanto foi diretor da Companhia Estrada de Ferro Macaé e Campos. Muitos! Sei que o senhor, que é um digno representante de seu pai no Partido Conservador, andou investigando a relação dele com o engenheiro Lúcio de Castro. Eu também achei improvável aquela contratação rápida, de um engenheiro recém-formado. Mais estranho ainda foi sua ascensão vertiginosa, mas não tão estranha quanto a sua contratação pela Companhia Leopoldina[28] para ser o responsável pela estação de Leopoldina.

Fábio finalmente relaxou. Chegou a esquecer o quanto aquela interrupção no seu itinerário o incomodava. Ataíde de Freitas fizera um bom trabalho e João Matoso não desconfiava dos reais motivos que o moviam contra Bezerra e Lúcio. João, por sua vez, interpretou o visível relaxamento de Fábio como interesse pelo assunto, por isso sentiu-se mais seguro em prosseguir:

– Eu sou funcionário público há dezenas de anos e nunca tive nenhuma promoção que correspondesse à minha competência. Várias vezes pedi, envolvi influências, mas esse homem sempre se interpôs. Acusou-me de aceitar propinas e cheguei a quase perder meu emprego...

– Que disparate! – comentou Fábio, algo divertido por saber do histórico de propinas e outras falcatruas de João Matoso, o que foi devidamente levantado por Ataíde de Freitas.

– Sim, que disparate! O que ele pensa que é? Um santo? Agora, diga-me, meu caro doutor Fábio Augusto Severiano, o que eu posso fazer contra esse médico, que, por mais que tenha sido atacado, se mantém firme como um pilar de ferro? Quem vai dar crédito a mim contra um homem que já fez tanto como político e que, agora, embora tenha se declarado um lunático que acredita em fantasmas, granjeia fama de médico dos pobres? Diga-me, meu amigo, diga-me quem vai me dar crédito?

– Meu caro, embora eu comungue da sua opinião, ainda não consegui entender aonde quer chegar.

– Todos têm um ponto fraco. Se até hoje não encontramos nada efetivo para derrubá-lo na sua atuação política ou como médico, quem sabe possamos passar-lhe uma rasteira como homem...

João Matoso deixou as palavras no ar, para sentir a reação de Fábio. Este, por sua vez, entendeu que seu interlocutor poderia realmente ter alguma informação válida, embora não atinasse para o motivo de João Matoso não procurar Ataíde de Freitas para contar o que sabia. Por isso fez um gesto com as mãos para que prosseguisse.

– Ontem à noite eu e Lúcio de Castro dividimos algumas boas garrafas de vinho. Ainda não tive tempo de conversar com o Ataíde

[28] Companhia Estrada de Ferro Leopoldina.

e, como sei que o senhor tem interesse no caso, não posso perder a oportunidade de lhe contar o que ouvi. Ele, o Lúcio, não costuma sair, fiquei mesmo admirado por aceitar meu convite. Acabou por me contar que a sogra está em sua casa para cuidar da esposa doente, mas os dois não se bicam, por isso alegaria que ficou até tarde fazendo projetos para a Companhia. O vinho faz milagres, meu caro. Descobri que está profundamente magoado com o doutor Bezerra. A princípio, eu mesmo pensava que era por este ter se tornado espírita, mas isso nada mais é que um argumento para justificar o real motivo da desavença...

– Real motivo?

– Ciúmes, doutor, ciúmes. Fiquei estupefato. Jamais eu poderia imaginar isso, mas o doutor Lúcio de Castro morria de ciúmes do seu melhor amigo e protetor. E sabe quando isso começou? Pasme, doutor, pasme... começou quando Bezerra de Menezes fez uma visita aos pais da noiva, antes mesmo do casamento. O então deputado foi a uma reunião do Partido Liberal de Petrópolis, como representante do Rio de Janeiro, e ficou hospedado por uma noite na casa do senhor Amadeu Klaus, já falecido.

– Confesso que eu não sabia desse fato – falou Fábio, surpreso.

– O hóspede voltou rasgando elogios à noiva do engenheiro, o que o perturbou. Mas a perturbação só viria a aumentar com a amizade que se estabeleceu entre a esposa e o médico, tão logo passaram a residir aqui na capital. A esposa também era só elogios ao amigo, e cada um deles, pude constatar ontem, causava mais uma ferida no coração desse ciumento inveterado, Lúcio de Castro.

– Tudo isso é muito curioso, caro Matoso, mas ainda não está claro para mim no que pode realmente nos interessar– falou Fábio, olhando para o grande relógio do restaurante e preocupando-se com o passar do tempo.

– É que o amigo ainda não sabe de tudo. O pior, ou melhor, eu ainda estava por saber. Na terceira garrafa, o jovem engenheiro abriu seu coração ao amigo e conselheiro que aqui se encontra. Num primeiro momento o assunto pareceu mais uma divagação que pouco importaria, mas logo entendi que tinha importância por demais relevante. Contou-me, com o coração quase despedaçado, que a noiva era pretendida por outro, antes de casarem. Contou-me que, no dia da morte do pai da noiva, este outro fora pedir sua mão em casamento, porém, ele nunca ficou sabendo quem é essa pessoa... nunca teve coragem de perguntar...

O coração de Fábio apertou-se. Onde queria realmente chegar João Matoso? A dúvida sobre ele saber alguma coisa do passado voltou a oprimir-lhe. Sempre tivera pavor de que seu nome fosse manchado por qualquer motivo. Convivera até com algum orgulho com a fama de conquistador, mas não suportava a ideia que lhe apanhassem por um momento de fraqueza. Os olhos do engenheiro postado à sua frente fulguravam de frivolidade, como se esperasse que Fábio interpretasse o óbvio de suas palavras. Como Fábio estava bem mais preocupado com sua reputação, não chegou nem perto de por onde andava o raciocínio do engenheiro Matoso.

– Desculpe-me, mas sou obrigado a repetir: no que isso tudo pode nos interessar, meu caro?

– Ora doutor, não posso conceber que um famoso Don Juan como o senhor possa ser tão ingênuo. Pude sentir nas palavras de Lúcio de Castro o pavor de que o concorrente ao coração da noiva fosse o próprio Bezerra de Menezes, que voltou tão encantado com ela...

– Sentiu isso mesmo? Parece absurdo...

João Matoso sacudiu a cabeça e mais uma vez riu com sarcasmo, depois falou:

– É claro que não senti isso, doutor, mas nosso amigo engenheiro é torturado pelo ciúme. Tem um ciúme encruado há tempos pelo então melhor amigo... Pense um pouco, pense... Não seria fácil plantarmos essa ideia naquela mente em desalinho? Não poderíamos semear ao seu redor a informação de que o doutor Bezerra visitara mais uma vez a família? Se isso tomar contornos de realidade e vir a público, como ficará a honra do inatingível doutor Bezerra de Menezes?

Fábio Augusto estava aturdido. Jamais pensaria numa trama tão sórdida e sua mente estava dividida entre a repulsa a este pensamento e a inveja a João Matoso, que a concebera. Em outros tempos teria só inveja, agora, no entanto, quando o amor por Ana despertava nele sentimentos mais nobres e o conhecimento científico postava seu pensamento em patamares mais elevados, tendia à repulsa.

– Não sei o que dizer, meu caro, não sei o que dizer. Mas posso perceber que o ódio que carrega contra esse médico é bastante profundo. Ele já abandonou a política, que interesse pode ter em sua derrocada ainda?

– E o senhor acredita mesmo que ele vai fugir assim da luta? – falou com alguma irritação João Matoso –Ora, caro doutor Fábio Augusto Severiano, poupe-me de sua ingenuidade. Acredita mesmo que ele vai desistir assim? Ainda não entendi o que quis declarando-se espírita, mas ele continua fazendo uma campanha por votos terrível e das mais baixas possíveis. Ou acredita que atender a uma multidão de pessoas sem cobrar é apenas para satisfazer a bondade de seu coração? Não podemos acreditar nisso... Ele voltará...

– Com a República?

– Ah! – exclamou o engenheiro, com ares de satisfação e endireitando-se na cadeira. –Está claro que só se fazia de ingênuo! Ele se diz monarquista, mas tenho certeza de que trama nas sombras com esses imbecis republicanos. Assim como trama pela liberdade dos negros...

– Bem, meu caro, fica evidente que aqui não tem nenhum ingênuo e agradeço pela informação. Quem sabe um dia poderá ser realmente útil, porém, como eu havia lhe dito, tenho um compromisso no qual não posso me atrasar nenhum minuto e, lamentavelmente, terei que comparecer a ele sem ao menos ter almoçado.

Fábio Augusto levantou e somente abaixou levemente a cabeça em forma de despedida, após colocar seu chapéu, deixando no ar a mão que o engenheiro João Matoso lhe estendia. Ganhou a rua visivelmente irritado, mas, ao mesmo tempo, ainda um pouco aturdido com tudo que ouvira. Porém, não tinha tempo para elucubrações, em menos de meia hora deveria estar com Ana Maria, consultando-a como o eminente doutor F.

Na primeira consulta, quando subitamente e sem causa específica, Ana Maria despertou, estava despreparado. Ficou sem saber o que dizer e, felizmente, ela não o reconheceu pela voz, que a todo custo tentou disfarçar, já que de pronto percebeu que a visão lhe faltava. Agora, no entanto, estaria preparado. Havia estudado e tentaria realmente efetivar um tratamento. Não tinha os dotes de hipnotizador de Charcot, mas começaria por investigar o passado e as causas prováveis que a levaram à doença. Também havia treinado à exaustão seu sotaque, como um francês que não dominasse o novo idioma.

Pontualmente às 14 horas, ouviu a carruagem parando à frente do consultório e o coração disparou. Minutos depois, escondido como da primeira vez, ouviu os passos de Maria Rosalina trazendo Ana Maria para o ambulatório. Ainda uma vez mais se olhou no espelho e constatou que seria muito difícil alguém reconhecê-lo como Fábio Augusto, quanto mais alguém que não enxergasse nitidamente. Contou mentalmente um minuto, respirou fundo e entrou na sala.

Capítulo 22

(...) A companheira do abnegado médico já havia combinado com o amigo Cordeiro para cobrar aos que pudessem pagar à razão de cinco mil réis por consulente. O dinheiro não passaria pelas mãos de Bezerra e deveria ser encaminhado a d. Cândida. Bezerra sabia disto e concordou desde que recebesse apenas dos que estivessem em condições de pagar...

Certa vez, penetra no seu consultório da Farmácia Cordeiro uma pobre mulher com uma criança ao colo. Sentou-se e apresentou-lhe o filhinho para exame. O aspecto da pobre mulher como o da criança traduzia miséria e fome.

Bezerra atendeu à criança. Sentiu-lhe o físico em mísero estado. E receitou, aconselhando a mão sofredora:

– Minha filha, dê a seu filho estes remédios de hora em hora. São remédios homeopáticos e, se desejar, pode comprá-los aqui mesmo...

– Comprá-los, doutor, com quê, se não tenho comigo nenhum níquel! Se eu e meu filho estamos até agora em jejum...

O bondoso médico olhou para a mãe sofredora. Seus olhos mansos e verdes, refletindo compaixão, encheram-se de pranto. Ambos choravam! O ambiente deveria ser tocante e vestido de luz e amor! Abraçando-a, disse-lhe Bezerra:

– Não se apoquente minha filha, vou ajudá-la. Confiemos no amor da Virgem, que vela por todos nós.

Procurou nos bolsos das calças e do paletó algum dinheiro e nada encontrou. Pôs-se a pensar, olhando para cima, como se fizesse uma prece muda e sentida. De repente, fazendo-a sentar-se, sai e procura seu amigo Cordeiro, também manso e bom.

– Cordeiro, prometi-lhe não mexer no dinheiro das consultas, a fim de que você o encaminhe diretamente à minha esposa. Mas o caso de hoje é doloroso... já rendeu alguma coisa?

– Nada, porque os doentes, até agora, são pobres e como sua ordem é para receber apenas dos que podem pagar...

– E o resultado de ontem, já o entregou?

– Não, está ainda comigo.

– Dê-me, então, esse dinheiro e esperemos na proteção da Virgem, que há de nos mandar algum, mais tarde.

Cordeiro lhe atendeu. Bezerra penetra no consultório e, dirigindo-se à infeliz irmã em provas:

– Tome, minha filha, este envelope. Com o dinheiro que está aí, compre remédios, também leite e alimentos para seu filho.

A pobre mãe, de olhos surpresos, lacrimosos, lábios trêmulos, tartamudeia e nada pode dizer para lhe agradecer. Chora...E Bezerra, abraçando-a:

– Nada de lágrimas, vamos, vá na santa paz de Deus e que a Virgem a proteja e o seu filhinho. Ele há de ficar bem...

Assim atendida, a sofredora mãe deixa o consultório e, quando volta, da porta, para agradecer, ouve apenas a voz mansa e boa de Bezerra:

– Entre aquele que estiver em primeiro lugar.

* * *

No dia seguinte, Cordeiro e d. Cândida tiveram uma conversa longa. Ambos se inteiraram da ação meritória. Louvaram-na em silêncio e, embora sabendo que outras ações assim iriam se dar, confiaram no amor da Virgem. De fato, dali por diante, os poucos que podiam pagar, pagavam. Os clientes pobres, na maioria, nada pagavam. E o pouco com Deus penetrava na casa do seareiro espírita, enchendo corpos e almas de seus familiares de algo abençoado pelo Amor do Pai e Criador, que é Deus!

(Do livro *Lindos casos de Bezerra de Menezes,* de Ramiro Gama – 13.a edição – Lake – 1998)

Juca, a pedido da própria Ana Maria, havia conseguido o consentimento de Lúcio de Castro para levá-la à consulta. Embora Lúcio ainda estivesse irritado com a interferência espírita advinda, tanto de Juca, como de Bezerra de Menezes, diante do pedido carinhoso da esposa, dobrou um pouco da sua teimosia e aceitou. Frau Lilsa, alegando cansaço, ficou em casa e, desta forma, após Ana Maria ser recolhida ao consultório, Juca e Lúcio encontraram-se sozinhos na rua e aconteceu um momento de indecisão entre ambos:

– O que o amigo prefere fazer? Esperar ou voltar mais tarde? – perguntou Juca.

– Vou esperar. Pedi licença para não trabalhar hoje, por isso vou esperar, mas você deve ter muitos compromissos, por isso, não se prenda...

– Se me permitir, gostaria de esperar também, a menos que tenha algum outro compromisso enquanto espera.

– Meu compromisso é com Ana Maria, Juca, nada mais.

– Então vamos tomar um café...

– ... e que local sugere, já que conhece tudo que há de novo pela cidade?

– Vamos na Pascoal,[29] que é aqui perto, na rua do Ouvidor.

– Bem, lá não é tão sossegado, mas prefiro a companhia de artistas e escritores a políticos... ou médicos...

Juca apenas sorriu discretamente da provocação de Lúcio. Sabia que este ainda estava bastante irritado com o amigo Bezerra e não tinha mesmo a intenção de forçar o assunto, sabedor que era do seu temperamento. Queria apenas ficar por perto, recuperar o terreno tão abruptamente perdido pela precipitação de Magé e, aos poucos, recuperar a confiança perdida. Ele sabia que Lúcio era intransigente, mas, no fundo, um bom coração, desde que não o provocassem.

Estabelecidos numa das mesas da confeitaria Pascoal, Lúcio segurou o braço de Juca e chamou sua atenção para o cavalheiro sentado sozinho a um canto, lendo seu jornal:

– Reconhece-o? – perguntou.

– Como não, já tive o privilégio de conduzir em meu próprio coche nosso nobre escritor, e mulato...

– ... e crítico ferrenho do espiritismo, como todo bom escritor e jornalista que usa a razão.

– Pode ser, mas, começou a trabalhar em um jornal apoiado por Quintino Bocaiúva,[30] grande simpatizante da causa espírita. Acaso o

[29] Uma das primeiras confeitarias do Rio de Janeiro e muito frequentada por escritores e jornalistas no final do século XIX.

[30] Quintino Antônio Ferreira de Sousa Bocaiúva (Itaguaí, 4 de dezembro de 1836 – Rio de Janeiro, 11 de junho de 1912) foi um jornalista e político brasileiro, conhecido por sua atuação no processo da Proclamação da República. Como político, foi o primeiro ministro das relações exteriores da República,

amigo considera que Quintino Bocaiúva não esteja bem de suas faculdades mentais? Além do mais, Machado de Assis já visitou a Federação Espírita Brasileira sem nenhuma animosidade, muito pelo contrário. Comenta-se até que *Memórias Póstumas de Brás Cubas* é inspirado na psicografia.

Lúcio olhou para Juca, novamente irritado. Sempre admirou a cultura deste e não apenas por ser negro, o que tornava o feito, sem dúvida, mais meritório, numa época em que ainda havia o horror da escravidão. Admirava pela clareza de raciocínio e memória privilegiada, o que tornava o fato de conversar com ele sempre um prazer à parte. Porém, dedicar essa capacidade intelectual avantajada em assuntos como espiritismo era um desperdício.

– Não me venha com falácias, Juca! Este livro é maravilhoso... por acaso os espíritas estão querendo se apropriar de qualquer assunto que envolva morte ou alma? Não sabem, por acaso, que a Santa Madre Igreja vem norteando seu rebanho há milênios sobre esses temas?

– Não vamos discutir, meu amigo. Não é para isso que estou aqui. Sempre fomos amigos e o respeito muitíssimo. A falha de Magé não pode causar tamanha animosidade entre nós...

– Mas quem disse que a falha foi de Magé?

– Lúcio – falou Juca, um pouco mais alto, chamando a atenção até mesmo de Machado de Assis, que levantou os olhos para eles por alguns segundos. – Lúcio – repetiu Juca, agora mais baixo –, porque tamanha irritação? Não fizemos nada de mal e nem faremos nunca nada de mal. Você me conhece e conhece o doutor Bezerra como poucos. Não queremos o mal, apenas trabalhamos para o bem. Ainda é difícil aceitar o seu rompimento com ele...

– Rompi porque sou um amigo verdadeiro. Rompi porque espero que isso lhe chame a atenção para a besteira que está fazendo com esse conluio entre medicina, misticismo e magia.

Juca respirou fundo e recostou-se na cadeira. Não era possível o que ouvia. Também sempre gostara de conversar com Lúcio, que, embora intransigente em alguns assuntos, sempre fora um

---

de 1889 a 1891, e presidente do Estado do Rio de Janeiro, de 1900 a 1903 (http://pt.wikipedia.org/wiki/Quintino_ Bocaiúva– com citação de fontes).

bom amigo. Sabia que Lúcio o respeitava por seu trabalho sem se importar que fosse um negro, e isso não era comum quando ainda tantos irmãos de cor sofriam sob o chicote dos brancos. Mas ele estava passando da conta. Pensou em levantar e ir embora, mas lembrou o real motivo de estar ali: recuperar a confiança, mesmo que lentamente. Discutir sobre espiritismo não era o melhor caminho para isso.

Ficou olhando para Lúcio, que ainda não tinha tocado em seu café, que esfriava na mesa, e então notou um leve tique nervoso neste, que olhava para o relógio a cada minuto que passava. Estava aflito, evidentemente, com o tratamento da esposa.

– Você não fica um pouco preocupado em deixar Ana Maria sob os cuidados de uma pessoa que não conhece? – perguntou, tentando mudar a linha da conversa.

– É necessário confiar em alguém – falou Lúcio –, embora não me deixe tranquilo esta situação. Insisti que queria conhecer este doutor F, mas a secretária foi categórica dizendo que em hipótese alguma o médico iria revelar-se. Acho estranho, mas não há como negar que ele conseguiu um prodígio. Não fosse por ele, Ana Maria ainda poderia estar atrelada à cama... mas, confesso, ficaria mais tranquilo se estivesse junto com ela.

Quando Lúcio terminou de falar, um senhor magro e elegante parou ao lado da mesa, fazendo com que Juca logo levantasse:

– Como vai, caro Juca? – perguntou o recém-chegado.

– Mas que agradável surpresa! Falávamos do seu nome há pouco. Vou muito bem! É sempre um grande prazer revê-lo, senhor Quintino Bocaiúva... mas, deixe-me apresentar meu amigo...

– Não precisa, Juca, eu conheço o senhor Lúcio de Castro. Foi me apresentado por um amigo que temos em comum, nosso ilustre médico dos pobres, como vem sendo chamado. Tenho ouvido falar muito bem do seu trabalho na expansão da nossa malha ferroviária – falou Quintino Bocaiúva, estendendo a mão a Lúcio.

– Obrigado, senhor, mas só tenho tentado levar meu trabalho a sério.

– Se todos fizessem isso neste país, viveríamos bem melhor. Quem sabe um dia consigamos que todos os trabalhadores, e políticos, pensem como o senhor. Mas, diga-me, como vai nosso querido amigo Bezerra de Menezes? Ainda estou inconformado com sua ausência na política. Que grande homem perdemos na frente de batalha por uma nação séria! Não o tenho mais visto...

– Meu trabalho também tem me mantido afastado do Rio de Janeiro, por isso lamento lhe informar que não tenho notícias recentes sobre ele – respondeu Lúcio, evidentemente constrangido.

– E você, Juca, tem falado com ele?

– Ah! Sim, quase todos os dias. Estamos juntos na mesma cruzada... lembra? Já conversamos sobre isso...

– Exato, e ficamos de conversar mais. Visite-me, meu jovem, e, se possível, leve junto o doutor Bezerra. Sinto muita falta das longas e lúcidas conversas que mantínhamos.

– Creio que isso poderá acontecer em breve. Ontem mesmo conversávamos sobre a possibilidade de ele escrever artigos sobre a nova causa...

– Ah! Então diga a ele que o espero. Sempre terei um espaço para publicá-lo. Agora, permitam-me ir ter com nosso grande escritor aqui presente e que já tem razão de estar irritado com minha demora. Saudações...

Tão logo Quintino Bocaiúva sentou à mesa de Machado de Assis, que também acenou para Juca, reconhecendo-o, Lúcio de Castro comentou:

– Podes bem entrar para a política, Juca. Também já transportou o jornalista em seus coches?

– Sim, muitas vezes, mas o conheço também através do doutor Bezerra. Como lhe disse, ele é um simpatizante da nossa causa religiosa...

– Religiosa? E por acaso se pode chamar de religião esse culto ao misticismo?

– Já lhe disse que não discutirei esse assunto, Lúcio. Minha intenção aqui é apenas me reaproximar do amigo.

– E que história é essa de escrever artigos sobre magia?

– Sobre espiritismo, não magia. O doutor Bezerra tem a ideia de publicar uma coluna semanal divulgando a nova crença.

– Que horror! Não faltava mais nada...

– Pode ver que a ideia foi bem recebida. Não seria hora de refletir um pouco sobre o motivo de mentes tão lúcidas serem favoráveis ao espiritismo?

– Um modismo! Em breve será esquecido, mais um motivo para eu não querer essas loucuras infiltradas em minha casa.

– Mas Ana Maria é espírita.

– Ora, Juca, as mulheres precisam de distrações, futilidades... Isso lhes cai bem. Mas não cai bem aos homens de verdade. Além do mais, ela assiste à missa na Candelária todos os domingos comigo.

Juca respirou fundo. Tinha a impressão de que se jogava contra uma parede de pedra, intransponível. Desalentado e sem esperanças de abrir qualquer brecha nas trincheiras armadas por Lúcio, tentou mais uma vez mudar de assunto, por isso falou, olhando para a mesa mais ao fundo:

– Veja, Lúcio, o Machado acaba de entregar um maço de papéis ao jornalista. Ah! Quem me dera poder ler em primeira mão o que vai ali escrito!

– Quem sabe artigos sérios para o jornal. Ou novos capítulos de algum romance...

– ... ou um novo manifesto republicano. Quem sabe algum artigo conclamando os casacas[31] à ação?

– A República é uma fruta ainda muito verde e azeda, meu caro. Não sei se um dia chegará a amadurecer o suficiente. Mas veja a hora, temos que ir.

– Ainda falta quase uma hora para buscar sua esposa.

– Não sabemos, não sabemos... e se o médico terminar mais cedo? Vamos, meu caro, se ficarmos aqui, apenas ficarei mais aflito.

[31] Os casacas eram as personalidades civis que participavam do movimento republicano, como o próprio Quintino Bocaiúva.

Capítulo 23

– Em alguma época da vida a senhora teve desmaios?

– Nunca.

– Lembra de ter tido alguma alucinação?

– Depende do que o senhor julga ser uma alucinação – respondeu mais uma vez Ana Maria, já irritada com o longo interrogatório do doutor F, principalmente por ser difícil de decifrar suas palavras mal pronunciadas, ou misturadas ao francês, que ela não dominava. Muitas vezes respondeu em alemão, certa que o médico não a entenderia, mas foi pior, porque teve que explicar ainda mais detalhadamente cada resposta.

– Entendo que uma alucinação seja ver ou ouvir o que não é a realidade.

– Então nunca tive nenhuma alucinação.

– No seu entender, existe algum outro tipo de alucinação que fuja aos meus critérios?

– Não.

– E se o meu critério for mudado? Já aconteceu em sua vida alguma situação em que outras pessoas não viram ou ouviram o que a senhora via e ouvia?

– Eu vejo os espíritos, doutor, e também sou espírita. Segundo um grande amigo, o doutor Bezerra de Menezes, sobre o qual talvez já tenha ouvido falar, pois é um médico famoso, eu tenho uma grande mediunidade...

– Espírita... espírita... médium? Então a senhora tem mesmo alucinações... com que frequência vê os espíritos?

– Sempre que é necessário. Quando algum espírito precisa me comunicar algo importante...

– ... E eles nunca a comunicaram sobre a cura para sua doença?

– Nunca peço nada por mim, senhor. A mediunidade é um instrumento divino e, como tal, se apresenta melhor quando não a usamos com egoísmo, tentando favores pessoais. Não devemos mercantilizar com os espíritos.

– Ah! Creio que isso também foi esse médico que a ensinou.

– Ele e os livros que me traz.

– E seu marido concorda com isso?

– Não.

– Por quê?

– Ele é contra o espiritismo, senhor.

– Vocês se amam?

A pergunta causou algum espanto em Ana Maria. Embora outras perguntas já feitas não fossem esperadas, aquela parecia transpor alguns preceitos éticos, por isso respondeu:

– Não creio que isso tenha algum significado para o meu tratamento.

– O médico aqui sou eu – falou o doutor F, repentinamente irritado –, por isso, quem decide sobre o que é ou não importante para o seu tratamento, sou eu. Agora, poderia me responder?

– Amo profundamente meu marido, senhor.

– E sempre amou? Nunca amou nenhuma outra pessoa?

Novamente Ana Maria hesitou. Onde queria chegar com essas perguntas? Que tratamento era esse? Porém, receosa em deixá-lo novamente irritado, respondeu:

– Amo profundamente meus pais, mesmo que meu pai já tenha falecido.

– Não é a esse tipo de amor a que me refiro, senhora. Quero saber se não amou algum outro homem. Nunca teve nenhum outro pretendente?

– Não.

– Uma jovem tão bonita... deve ter despertado o interesse de outros homens.

– Se houve ou não esse interesse, senhor, não me interessa. Importa-me apenas o interesse do meu marido.

Fábio sentiu uma punhalada, enquanto o doutor F parecia apenas refletir sobre a resposta. Então ela nem considerara sua tentativa de desposá-la no passado? Tinha um fiapo de esperança de que ela tivesse sido ao menos um pouco abalada por seu pedido. Mentia ou realmente nem o considerava como um pretendente? Por momentos, teve vontade de lhe falar muitas verdades, jogar em sua cara todas as horas em que passou pensando nela desde aquele dia, declarar aberta e loucamente seu amor, revelar-se.

Levantou da cadeira, irritado. Precisava voltar ao tratamento. Precisava recuperar a linha terapêutica iniciada e deixar de lado os interesses pessoais e imediatistas. Precisava lembrar que seu projeto visava o futuro, então era preciso ter paciência, no entanto, mais uma vez seu coração se despedaçava. Mais uma vez ele via ruir o castelo de dignidade que tentava construir dentro de si. Num esforço quase sobre-humano para controlar-se, voltou a inquirir sua paciente, voltando ao assunto anteriormente discutido:

– Então a senhora afirma ver e ouvir os espíritos?

A resposta não veio prontamente, como das outras vezes, pelo contrário. Ana Maria contraiu as sobrancelhas e virou o rosto em sua direção, como se não tivesse ouvido a pergunta, mas ele a fizera em alto e bom som, medindo bem as palavras. Medindo bem as palavras! Quando pensou nisso, um arrepio que soprava desespero percorreu seu corpo. Em alto e bom som, medindo as palavras, e sem o carregado sotaque francês. Dominado pela angústia, esquecera de falar como um estrangeiro que não dominava o idioma.

Ana Maria estava trêmula e mexia ansiosamente as mãos agora. Por que ela estaria nervosa? Poderia ter reconhecido sua voz, depois de tanto tempo e por apenas uma rápida frase, ou apenas não havia entendido como ele sabia falar bem seu idioma?

– Algum problema? – perguntou, carregando novamente no sotaque.

– O senhor poderia falar comigo corretamente em meu idioma?

– Eu ainda não domino bem seu idioma, senhora.

– Acabou de me fazer uma pergunta onde pronunciou cada palavra com perfeição.

– Esforcei-me muito para isso... tenho tentado aprender.

– Então poderia repeti-la? Poderia esforçar-se mais uma vez?

– Que importância tem isso para o seu tratamento?

– Tem toda a importância do mundo, doutor Fábio Augusto Severiano.

Ao ouvir seu verdadeiro nome, Fábio Augusto sentiu as pernas amolecerem. Sua farsa fora revelada num breve momento de descuido. Não tolerava ser apanhado por um erro, cometendo qualquer delito. Como era possível que ela lembrasse? Mas, ao mesmo tempo em que se fazia essa pergunta, alguma coisa parecida com satisfação roçou seu raciocínio. Se ela lembrou de sua voz ouvindo algumas poucas palavras, então ele não fora assim tão insignificante em sua vida. Lembrava seu nome completo.

Voltou a sentar na sua cadeira, ao lado da cama onde Ana Maria estava recostada em travesseiros altos, quase sentada, e ficou claro para ele que não havia como consertar a situação. Por isso, depois de longos minutos de silêncio, falou, sem arrastar as palavras:

– Fiquei feliz por saber que ainda lembra de mim, Ana Maria.

– Que farsa é essa, afinal? O que significa tudo isso? – perguntou Ana, aflita e com lágrimas nos olhos.

– Não é uma farsa completa, minha cara. Fiz-me passar por outra pessoa, mas o tratamento que estou levando a cabo é sério e não pode negar que já surtiu efeito, pois a fiz despertar já na primeira seção...

– Eu estava desacordada. Que tipo de tratamento foi esse? Que eu saiba não me aplicou nenhuma medicação...

– Passei anos em Paris estudando o assunto – mentiu Fábio, cada vez mais sem respostas.

– E porque não se apresentou ao meu marido? Ele nunca soube sobre sua visita ao meu pai?

– E você, Ana Maria? Soube da minha visita? Soube o que me levou a procurar seu pai, numa atitude desesperada?

– Tão desesperada que provocou sua morte. O senhor é um assassino.

As palavras de Ana Maria feriram Fábio Augusto, como se ela tivesse arremessado facas afiadas em sua direção. Assassino! Então era essa a opinião dela sobre ele? Nunca considerou na sua atitude um gesto de paixão? Não era ele um homem com todos os direitos de se apaixonar e, de maneira digna e honesta, pedir a sua mão?

Ao mesmo tempo em que conjecturava sobre seus direitos, lembrava das artimanhas que usara contra o doutor Bezerra e Lúcio de Castro, na tentativa de enredar Herr Klaus e acabar com o casamento próximo da filha. Tinha sido ele realmente digno e honesto? Já de algum tempo a ambiguidade de conceitos sobre o certo e o errado vinham torturando Fábio Augusto. Teve vontade de ajoelhar-se ao lado da cama da sua paciente e humildemente lhe pedir perdão, porém, ao mesmo tempo a velha soberba e o orgulho ainda gritavam em seu ouvido: quem é ela para lhe recriminar?

Ana Maria tentou se acalmar. Não entendia o que estava acontecendo, mas sentia-se nas mãos de um alienado e tinha medo. Não havia ninguém ali para defendê-la, por isso respirou fundo e, diante do mutismo em que caíra o doutor F após sua afirmação, falou, agora mais delicadamente:

– Não temos domínio sobre o passado, senhor. O que aconteceu está feito e não convém ficarmos reavivando feridas mal cicatrizadas. Porém, temos total controle sobre o presente e o futuro só depende do que fizermos agora, por isso, encarecidamente lhe peço para acabarmos com isso. Sou-lhe grata por tentar me ajudar, mas permita-me voltar para minha casa.

– Se é grata, reconhece que a ajudei.

– Quem me ajudou, senhor, foi Deus, nosso Pai, que através de bons amigos operou a minha cura.

– Bons amigos? Sobre o que está falando?

– Fui ajudada por um grupo de médiuns que atenderam um espírito que me subjugava e me mantinha desligada dos controles do corpo físico. Entre eles o doutor Bezerra de Menezes, que julgo que o senhor conheça.

– Um místico, um alucinado que acredita em fantasmas. Um péssimo médico que deixou Maria Cândida, sua primeira esposa, morrer. Sim, o conheço de longa data e fico abismado que a senhora considere que esses ensandecidos a tenham realmente ajudado.

– Pois tenho certeza de que foi isso que aconteceu. Se eu tiver que agradecer a alguém, será a ele. Agora, meu senhor, antes que eu tenha que gritar, permita-me ir embora. Direi ao meu marido que o senhor deu por encerrado o tratamento e não haverá confusões maiores.

– Ana Maria... – começou a falar Fábio Augusto, mas conteve-se. Mais uma vez teve vontade de se ajoelhar ao lado da cama, mas agora não para pedir perdão, e sim jurar o seu amor. No entanto, logo se deu conta do ridículo. Não sabia o que dizer, mas lhe doía muito no orgulho perder o rumo da situação assim. Então pensou em ganhar tempo. Precisava pelo menos de alguns dias para pensar com calma na melhor atitude.

– Ana Maria – repetiu –, está me julgando mal. Reconheço que errei no passado e esse erro vem torturando minha alma por todo esse tempo. Por isso mesmo sempre me mantive informado a respeito de sua família. Quando soube de sua doença, exatamente no campo a que tanto me dediquei no além-mar, senti que era a hora de corrigir um pouco dos danos que cometi. Podemos discordar profundamente quanto às nossas convicções a respeito do motivo de sua melhora, mas isso não quer dizer que o meu conhecimento não poderá ser útil. Tenho certeza de que, de alguma maneira, poderei lhe ajudar. Por isso, senhora Ana Maria de Castro, lhe imploro, para que minha alma encontre alguma paz, que me permita somente mais algumas sessões de tratamento. Depois disso desaparecerei de sua vida, em definitivo.

A mudança brusca de comportamento de Fábio pegou de surpresa Ana Maria e seu coração naturalmente amorável tocou-se. Poderia aquele homem que sempre derramou soberba à sua volta estar realmente arrependido e tentando se regenerar? Não ensinava o espiritismo que o primeiro passo para a regeneração era entender-se em erro? Se ela dissesse não, estaria seguindo os preceitos espíritas?

Depois de um longo silêncio, respondeu:

– Preciso de um tempo para pensar, senhor. Por enquanto nada direi ao meu marido. Caso eu decida que não mais voltarei aqui, lhe mandarei um mensageiro e o senhor, da maneira que melhor lhe aprouver, informará minha família que nada mais tem a fazer para me ajudar. Se o senhor não receber nenhum mensageiro, aqui estarei na próxima consulta.

Capítulo 24

Em 1888, na Sociedade Espírita Fraternidade, o médium Frederico Pereira da Silva Júnior, inicia a recepção, a partir de agosto, das chamadas instruções do espírito Allan Kardec, aos espiritistas: Exortando-os ao estudo, à caridade e à unificação.

(Do livro os *Bezerras de Menezes e o espiritismo*, de Jorge Damas Martins. Novo Ser Editora)

Frau Lilsa, que alegara estar cansada para não acompanhar o genro e a filha ao consultório do doutor F, tão logo estes saíram, chamou a Zezé e foram para a rua. Sabia que encontraria o doutor Bezerra de Menezes em seu consultório e, com um pouco de sorte, não haveria uma fila tão grande de pacientes, a ponto que não pudesse voltar para casa antes de Lúcio e Ana Maria.

Para sua sorte, o consultório do médico, não estava com o movimento costumeiro. Acabara de ser recolhida uma mulher com duas crianças e apenas mais um homem aguardava na sala de espera e este não aparentava ser pobre como a maioria dos que ali vinham.

Frau Lilsa precisava conversar pessoalmente com o doutor Bezerra sobre tudo que vinha acontecendo. Pensara realmente que havia sido armado um embuste em relação ao espírito do ex-marido, no entanto, o que Ana Maria falou sobre o sonho antes de despertar a deixara perturbada. Tinha uma noção muito justa sobre o certo e o errado, por isso mesmo lhe castigava a consciência ter sido injusta com aquele médico, que a tanta gente ajudava sem pedir nada em troca. Queria pedir a ele mais detalhes sobre o que havia acontecido e, dependendo das respostas deste, poderia mesmo se aliar às fileiras de novos seguidores do espiritismo.

Depois de alguns minutos esperando, percebeu que o senhor que também aguardava a olhava com alguma insistência, o que começou a deixá-la incomodada. Para sua maior surpresa, este lhe dirigiu a palavra:

– A chamam de Frau Lilsa?

– O senhor me conhece? – perguntou, um pouco irritada, julgando a atitude do outro uma inconveniência.

– Oh, não, me perdoe. Fiz esta pergunta num impulso. Às vezes é um pouco difícil controlar...

Enquanto se desculpava, levantou-se e, com uma mesura, falou:

– Frederico da Silva Junior, ao seu dispor, senhora Lilsa...?

– Lilsa Klaus.

– Isso mesmo... foi o que ouvi.

– Foi o que ouviu? Por favor, meu senhor, não estou entendendo. É uma brincadeira?

– Não, em absoluto. Notei apenas que chegou aqui muito ansiosa, porém, como este é um consultório médico, não achei isso estranho... Ao menos até um cavalheiro sentar-se ao seu lado e apresentar-se pelo nome de Amadeu Klaus.

– Que é isso, senhor? – falou Frau Lilsa, exaltada – De onde conheceu meu marido?

– Desculpe-me senhora, mas não o conheci, tampouco sabia que era seu marido. Porém, como percebi que ele queria me chamar a atenção, lhe dei ouvidos...

– E o senhor diz que ele estava aqui? Como posso acreditar que isso é verdade? Quem é o senhor afinal?

– Sou amigo do doutor Bezerra. Trabalhamos juntos no Grupo Espírita Fraternidade, onde atuo como médium. Não é comum eu fazer o que fiz, mas seu marido foi muito insistente.

– Oh! Meu Deus! Não sei mais o que pensar... Tenho medo de que tudo isso seja uma grande armação... um grande embuste... Meu marido era um homem conhecido...

– Desculpe-me senhora, mas, que interesse eu teria em lhe enganar? Apenas estava aqui esperando meu amigo para que possamos ir juntos à nossa reunião espírita. Como eu poderia saber que a senhora iria aparecer aqui?

– Pois vim exatamente para conversar com o doutor sobre esse assunto, que muito tem me chamado a atenção. Mas, não sei... meu marido ainda está aqui? O senhor realmente o vê?

– Quase tão nitidamente como a vejo, senhora. Ele acaba de me dizer que o segredo da quinta pedra a fará acreditar...

Frau Lilsa sentou-se ou, antes, despencou sobre a cadeira. Neste momento a paciente saía do consultório do médico e a porta mantinha-se aberta. Com a respiração pesada, ela olhava para aquele homem magro e bem vestido que acabara de lhe dizer um segredo que somente ela e Amadeu Klaus conheciam. O desconhecido usava um terno marrom bem cortado e camisa branca. Tinha uma testa larga e um imenso bigode, largo e com as pontas enceradas, que quase lhe escondia totalmente a boca, mas seu olhar era gentil e arguto, o que lhe conferia rápida simpatia. Porém, por mais simpático e inteligente que pudesse parecer, jamais, em hipótese alguma, poderia saber o segredo da quinta pedra.

Atrás da cama do casal, na casa de Petrópolis, a quinta pedra da quinta fileira de pedras, podia ser removida e, no largo espaço da grossa parede, Amadeu Klaus guardava boa parte de suas economias. Como aquele homem poderia saber disso, se não fosse o próprio Amadeu Klaus que lhe estivesse contando?

De dentro do consultório, ouviram a voz do doutor Bezerra:

– Que entre o próximo a ser atendido...

Frau Lilsa, com alguma dificuldade, pôs-se novamente em pé e, com os olhos molhados de abundantes lágrimas, falou:

– Meu caro senhor, não tenho palavras para lhe agradecer pelo que fez por mim hoje. Somente posso pedir a Deus que o faça, iluminando sempre seus passos.

A porta do médico manteve-se aberta, até que Frederico Júnior entrou, dizendo que não havia mais pacientes e que poderiam seguir já para a reunião, com tempo suficiente para discutirem alguns assuntos que este achava importante, inclusive o que acabara de acontecer. Enquanto isso, Frau Lilsa voltava para casa, definitivamente aliada a uma nova causa.

Capítulo 25

Fábio Augusto ficou muito tempo sentado em frente à cama onde Ana Maria estivera durante a tarde. A noite chegou e ele permaneceu ali, imóvel. Maria Rosalina perguntou se ainda precisava dela e ele apenas dispensou-a com a mão e o olhar perdido no tempo. Ao certo não sabia o que o imobilizava, mas sabia que não tinha sido apenas a revelação da identidade do doutor F.

A dualidade emocional e ética que se revelava nele o deixava cada vez mais ansioso. Ao mesmo tempo em que lamentava perder a paciente, do ponto de vista médico, já que acreditava sinceramente na possibilidade de curá-la, pensava que o que acabara de acontecer era uma semente plantada no coração de Ana Maria. Uma semente que viria a brotar, mais cedo ou mais tarde. Seria a possibilidade de este "mais tarde" ser, na verdade, muito tarde que o incomodava tanto? Não tinha vontade de acelerar o processo e aceitar a ideia de Ataíde de Freitas quanto ao acidente com Lúcio de Castro? Sem ele seria muito mais fácil conquistá-la, sem dúvida, mas era isso que realmente queria: uma conquista através dos caminhos tortuosos do crime?

Tudo isso se passava na mente do doutor Fábio Augusto Severiano, mas não era isso que o deixava prostrado na mesma poltrona, enquanto a noite avançava. Por mais que se esforçasse em focar o pensamento em outros assuntos, o último diálogo com Ana Maria ecoava em sua memória, causando-lhe profundo mal-estar:

"– Senhor, posso até acreditar em seu interesse em me curar, mas não acredito que apenas a medicina será capaz disso.

"– E a que vai recorrer? A um curandeiro?

"– Não, meu senhor, em hipótese alguma. Vou recorrer a um médico, mas que não vai procurar alguma doença somente no meu corpo ou minha mente, mas também na minha alma. Vou procurar o doutor Bezerra de Menezes.

"– Que eu saiba o seu marido não permitirá isso – falou Fábio, contendo a muito custo a indignação e até o ímpeto de agredi-la verbalmente.

"– Sempre haverá um jeito, senhor.

"– Seu tratamento não possibilita intermitências. A senhora precisa de um médico presente e disponível.

"– E por acaso o senhor poderá fazer isso. Poderá estar sempre presente, escondendo-se atrás de um nome falso? Além do mais, se eu lhe chamar no meio da noite, em uma madrugada chuvosa, o senhor viria com tanta disposição quanto o doutor Bezerra?"

Aquele era o ponto. Seu pensamento tentava fugir, mas voltava para o abismo que o tempo cobrira com outros acontecimentos. A disposição do doutor Bezerra em ser médico, em atender a qualquer chamado. Era isso. Recostou-se mais na poltrona e deixou o pensamento navegar para o passado, para o ano de 1858.

Era uma noite de chuva forte e a madrugada já ia alta quando bateram à porta de sua casa. Um negrinho vinha à procura do médico para um paciente que tivera um colapso. Sebastião, seu mordomo, acordou-o com dificuldade e, ao saber o motivo de ser perturbado, ficou ainda mais irritado:

– O quê? Com tantos médicos na cidade, vem buscar a mim? Ora, tenha santa paciência... que procure outro! – falou, virou para o lado e continuou a dormir.

Pela manhã, quando tomava seu café, Ataíde de Freitas, que desde aquela época já trabalhava para o partido, chegou trazendo a notícia de que seu pai fora hospitalizado na Santa Casa. Sofrera um ataque cardíaco após uma discussão pesada com um membro do Partido Liberal sobre a libertação dos escravos. João Nunes Severiano andava revoltado com a pressão internacional a favor da abolição da escravatura no Brasil, principalmente por parte da Inglaterra. Para ele, a lei Euzébio de Queirós, aprovada em 1850, que proibia o tráfico negreiro, já havia sido uma demonstração de fraqueza e este fora o principal motivo da discussão.

Seu pai! Será que o paciente do meio da noite seria seu pai? Impossível! Teriam lhe avisado. Só podia ser uma estranha coincidência. Ao saber que o pai estava fora de perigo, não teve pressa em terminar seu desjejum, para depois ir vê-lo. Ao chegar no hospital, para sua surpresa, encontrou o doutor Bezerra de Menezes dando ordens às enfermeiras ao lado da cama do pai. Indignado, perguntou:

– Mas o que significa isso?

– Cale-se! – falou o pai, continuando a ouvir o doutor Bezerra, que apenas cumprimentou Fábio Augusto e logo saiu do quarto.

Após a saída do médico, o pai recostou-se sobre o travesseiro e ficou em silêncio. Foi um silêncio denso e constrangedor. Quando João Nunes Severiano ouviu que o filho sentou ao lado da cama, falou, mas sem abrir os olhos:

– Quatro médicos do Partido Conservador foram chamados para me atender. Nenhum deles respondeu ao chamado, inclusive o senhor, meu filho. Eu acreditava que estava na capital para tornar-se um médico, mas vejo que apenas fez cursos de *bon-vivant*. O doutor Bezerra de Menezes, do Partido Liberal e nosso ferrenho opositor, atendeu de pronto ao chamado, e era o que estava mais distante. Tratou-me com esmero durante toda a madrugada, como se não houvesse qualquer diferença entre nós, enquanto o senhor dormia tranquilamente, sem nenhum peso de consciência por negligenciar sua profissão. É lamentável saber que tenho um filho assim.

"É lamentável saber que tenho um filho assim!" Mais uma vez esta frase veio retumbar nas paredes da memória do doutor Fábio Augusto. Fez de tudo para esquecê-la. Soterrou-a nos porões da consciência, mas eis que ela retorna. O que seu pai quis dizer foi: eu preferia ter um filho como Bezerra de Menezes? Seria isso?

Um abismo cavou-se entre ele e o pai, por muito tempo. Tinha a impressão de que, cada vez que os olhos claros do pai pousavam sobre ele, uma sombra obscurecia o afeto que um dia houvera entre eles. Já naquela época as desavenças entre ambos eram muitas: seu pai o queria advogado ou engenheiro, mas ele optou pela medicina. Depois o pai queria que ele fosse clinicar em Resende, mas jamais passou pela sua cabeça abandonar o Rio de Janeiro, para desgosto da família. Por que nunca tentaram entendê-lo? Por que somente ele precisava se dobrar às vontades da família e nunca ao contrário? O que era necessário ele fazer para ser aceito, respeitado? Obedecer, em detrimento de sua vida?

Entrou para a política e tentou se aproximar do pai de todas as formas que entendia ser possível. Envolveu-se em reuniões e fez-se candidato à Câmara por São Cristóvão, enfrentando exatamente aquele médico que tantas vezes já se infiltrara em sua vida, que lhe roubara o amor de uma mulher, seu primeiro verdadeiro amor, e o do pai. Arrastou o pai para a campanha e gastou somas admiráveis, porém, não fora eleito. Tentou novamente, e novamente perdeu. Todas a vezes por margem expressiva de votos.

Agora, depois de tanto tempo, novamente ele, Adolfo Bezerra de Menezes. Por quê? Na época em que o pai foi socorrido por ele, Fábio Augusto não conseguiu entender o que o motivava a ser tão disposto e indulgente às mais adversas situações dos pacientes e atendê-los. Sua voluntariedade já era famosa deste o início do curso na Faculdade de Medicina. Com o tempo, porém, começou a compreender. Fazia-se sobre-humano para angariar a simpatia da opinião pública. Chegara a cativar o pai, um conservador extremado. Cativara a família Lacerda e roubara Maria Cândida, que poderia casar com ele, Fábio Augusto. Preparava apenas o seu caminho para a política e, sem nenhuma dúvida, conseguira seus intentos. Todos. Tinha a aprovação popular. Era um ídolo, admirado, respeitado. Fizera tudo com essa intenção e, provavelmente, enriquecera também, embora mantivesse ainda isso em segredo. Mas não era isso que preocupava Fábio, que era rico de berço e não achava isso relevante. O que era relevante era o destaque, a aprovação, os aplausos, a honra. Isso o incomodava e o fazia, naquela noite que já virava madrugada, sentado só em seu consultório, praticamente na mesma posição desde a saída de Ana Maria, concluir, para seu profundo desgosto, que ele invejava profundamente aquele médico. Que a verdade que ele tentava ensandecidamente ocultar, era que ele gostaria de ser como o doutor Bezerra de Menezes.

Estava tão absorto em seus pensamentos que demorou a entender que aquele som contínuo, que vinha se repetindo já há algum tempo, eram batidas na porta da frente do escritório. Ainda demorou um pouco para conseguir se movimentar, como se estivesse mergulhado em um estado cataléptico e seu corpo perdesse a capacidade de reagir ao seu comando. Com muito esforço conseguiu movimentar-se e foi até a porta. Quem encontrou foi Aristides, o auxiliar de Ataíde de Freitas, bastante ansioso:

– Oh! Senhor... eu já estava desistindo. Insisti somente por ver a luz por sob a porta...

– O que você quer aqui numa hora dessas? – atalhou Fábio, irritado.

– O senhor Ataíde mandou procurá-lo... Fui a todos os restaurantes e casas onde frequenta...

– Não foi isso que lhe perguntei; queira dizer do que se trata.

– Sua mãe, meu senhor... sua mãe...

– O que tem minha mãe? Atalhou novamente Fábio, diante da indecisão de Aristides.

– Seria melhor o senhor vir comigo. O senhor Ataíde o espera em sua casa... Sua mãe sofreu um acidente.

Capítulo 26

Balanço dos 25 anos de serviço do doutor Bezerra de Menezes ao Partido Liberal, escrito por ele. Este balanço se encontra na *Carta aos Dignos Eleitores do 3º Distrito da Corte*.

Há 25 anos em face do país e no seio de sua mais ilustrada população, tenho religiosamente cumprido aquele mandamento, não praticando ato, de função, que não seja conforme com o decálogo do meu partido. Encontrei a cidade com cerca de 20.000 metros quadrados de calçada por paralelepípedos, deixei-a com cerca de 400.000 metros. Dei o maior impulso à instrução popular, a cardo da municipalidade, e tive o prazer de estabelecer, entre nós, escolas mistas dirigidas por senhoras, de que se tem colhido os mais lisonjeiros resultados. Fui quem levantou a ideia da remoção do Matadouro, duplo serviço prestado à população da Corte, não só por se arrancar do centro da cidade aquele vasto foco de infecção, como por facultar-se carne sã, em vez da que consumimos que é danosa à saúde. Empenhei todas as minhas forças em bem de substituir os chamados cortiços, onde as classes desfavorecidas da fortuna encontram, com o baixo preço da locação, as moléstias do corpo e a perdição da alma. Estabeleci, de conformidade com o uso de todas as cidades do mundo civilizado, regulamentos para nossos mercados. Regulei a abertura de novas ruas e a construção dos prédios, no sentido da beleza e do saneamento da cidade. Promovi solicitamente a arborização das praças, ruas e estradas, serviço tanto mais necessário quanto vivemos em um clima ardente. Procurei dotar a cidade com banheiros públicos, ao alcance de todas as classes, não tendo levado a ideia avante por embaraços oriundos do Poder Superior. Contratei lavanderias públicas onde o rico e o pobre encontrassem os necessários recursos; frustrando-

-se tudo diante da impossibilidade de obter do governo o terreno do mangue da Cidade Nova. Levantei o grito da difamação, procurando corrigir, em bem do criador e consumidor, os vícios introduzidos no comércio de carnes verdes, de que só o intermediário tira vantagens. Providenciei com maior solicitude, no sentido de evitar a falta de peixe em nossa baía e a sua consecutiva carestia. Dediquei-me desveladamente à ideia de criar-se um sistema florestal nas serras que cingem a cidade, como condição imprescindível do saneamento da mesma cidade, e da regularização de nossas estações. Finalmente, e visto que não cabe aqui o inventário dos meus trabalhos na Câmara, falarei de criação de uma Maternidade Municipal e de um Instituto de amas de leite, pelos quais trabalhei com todas as veras. Diante deste quadro resumido de alguns serviços que tive a felicidade de prestar ao meu país e especialmente ao município que tanto me tem distinguido com sua estima e confiança, julgo que ficará satisfeita a curiosidade dos que precisam fazer que promessas valham mais que realidades. O meu fiador é o meu passado; e é por ele que espero alcançar, mais uma vez, o voto de confiança do digno eleitorado, a quem antecipo os protestos do meu reconhecimento.

(Do livro *Bezerra de Menezes na intimidade*, de Jorge Damas Martins, Editora Novo Ser)

Lúcio de Castro precisava ficar alguns dias fora devido às obras de reforma da Estrada de Ferro Dom Pedro II. Partiria para São Paulo e por lá permaneceria no mínimo por um mês. Ana Maria viveu os primeiros dias após a última consulta com o doutor F em verdadeira tortura mental. Contar a identidade verdadeira do médico poderia reportar a história ao passado e chegar à atuação de Fábio Augusto na morte de Amadeu Klaus. A notícia da ausência do marido por um período maior, talvez três semanas, foi um alívio, ao menos para o momento.

Lúcio deixou a cargo de Juca e da sogra levar a esposa na consulta da próxima semana, já que estaria ausente, mas com recomendações extensas quanto à conduta a ser seguida.

– Bom-dia, minha mãe! – falou Ana, na quarta-feira pela manhã, quando a mãe entrou em seu quarto em silêncio.

– Como pode saber se sou eu ou a Belmira?

– A senhora é bem mais magra que ela, ora.

– Ah! Então sua visão está bem melhor.

– Os fantasmas estão mais nítidos.

– Bem, eu não sou um fantasma, mas fico feliz que tudo esteja voltando ao normal, graças ao doutor F.

– Graças a Deus, minha mãe. Asseguro-lhe que o doutor F não tem nada a ver com isso.

– Como pode ter tanta certeza?

– Porque ele não é francês, nem um especialista em histeria, como nos foi anunciado. Ele é uma fraude chamada Fábio Augusto Severiano.

– O quê! Mas você me disse que ele estava na Europa – falou a mãe, empalidecendo.

– É ele, mãe. Não sei quando voltou, mas sei que ficou sabendo da minha situação e tramou tudo. Por isso o sigilo.

– Pensei que ele tinha desistido.

– Eu também pensei, depois de todo esse tempo.

– Como você descobriu isso, se ainda não consegue enxergar direito?

– A sua voz. Jamais vou esquecer essa voz, tomada de orgulho e soberba. Ele ficou irritado com algumas coisas que eu disse e esqueceu-se de mudar a voz e falar com sotaque francês. Eu já estava vasculhando na memória quem tinha um timbre semelhante. Lembrei de imediato.

– Mas... você ficou sozinha com ele muito tempo... – falou Frau Lilsa, colocando as mãos sobre a boca, em desespero.

– Não, minha mãe. Ele não se atreveu a tanto. Disse que seu interesse era somente em me curar. Sabe, cheguei a distinguir alguma verdade em suas palavras... Não me pareceu que mentia quando falou isso. Porém, mesmo sendo verdade, não posso mais voltar lá...

– ... Também não pode contar a Lúcio o motivo.

– Mas Lúcio vai insistir para que eu vá, pelo menos enquanto minha visão não voltar. O que eu faço, mamãe?

Frau Lilsa permaneceu em silêncio por algum tempo, depois sorriu. Foi até o lado da cama e segurou as mãos da filha, depois falou:

– Quem sabe o espiritismo não lhe possa salvar!

–O quê? Mas...

– Nada tema, minha filha. Temos autorização para sairmos de casa hoje e pelas três próximas semanas. Tenho certeza de que nosso amigo Juca ficará feliz em nos levar para outro endereço, outro médico...

– O doutor Bezerra? – perguntou Ana Maria, pulando da cama e ficando em pé ao lado da mãe, ainda segurando suas mãos.

– Ele mesmo. Que eu saiba, hoje é o dia da reunião do grupo espírita. Eles já lhe ajudaram a acordar, por que não podem ajudar a enxergar?

– Mas... mamãe?

– Eu agora acredito, minha filha. Mas, venha, vamos tomar nosso café da manhã, enquanto lhe conto algumas novidades.

* * *

O Grupo Espírita Fraternidade reuniu-se como de costume, na rua América, na Gamboa, e Juca estava radiante de felicidade. Mãe e filha aguardavam na sala ao lado até o momento em que foram chamadas, após a reunião, e acomodadas em cadeiras cedidas pelo doutor Bezerra e por João Gonçalves do Nascimento.

Enquanto o grande médico dos pobres elevava para a Mãe Santíssima uma prece comovida, João Gonçalves concentrava-se na aplicação de energias em Ana Maria. Quem pudesse ver o espetáculo de luzes que acontecia no outro plano da vida, se emocionaria até as lágrimas. Todos os demais presentes encarnados se uniam em intenções e emanavam energias peculiares ao estado físico, enquanto que um espírito de elevada grandeza se aproximava da paciente e a examinava. De seu coração logo começou a jorrar amor, que explodia em luminosidade através de suas mãos. Por algum tempo, essa luz se infiltrou na região entre os olhos de Ana Maria, mas, em seguida, as mãos misericordiosas se movimentaram até a região uterina. Sentindo a manifestação divina em seu corpo, Ana Maria explodiu em lágrimas, enquanto o espírito augusto trabalhava delicadamente nos seus centros energéticos. Outros espíritos o secundavam, colhendo a energia mais densa vinda dos médiuns e fornecendo-as ao médico bondoso. A operação levou alguns minutos, até que ele sorriu a todos os que lhe ajudaram na operação que efetuara e, sem mais palavras, partiu para outros trabalhos.

No ambiente ficou um agradecimento silencioso a Deus, enquanto Bezerra de Menezes finalizava o atendimento, uma vez mais agradecendo a generosidade divina.

Ana Maria ainda chorava quando Frau Lilsa, também em pranto, sentindo as influências energéticas do ambiente, lhe ajudou a levantar. Logo a filha tocou seu rosto com a ponta dos dedos e disse:

– Eu a vejo, mamãe... Eu a vejo...

* * *

Fábio Augusto dispensou os serviços da enfermeira Maria Rosalina na mesma tarde em que Ana Maria não compareceu ao tratamento. Fora com muita dificuldade que voltara da fazenda em Resende naquele dia, deixando a mãe prostrada na cama. Dona Hemengarda, sempre voluntariosa, andava a cavalo em meio ao cafezal, quando este se assustou com uma cobra e empinou. Sua mãe sofrera uma queda de cavalo e estava prostrada na cama. Como explicar isso à sociedade? Não era ele quem deveria estar lá, fazendo o serviço que ela tentava desempenhar? Mais um fracasso em sua vida, que seria comentado com escárnio em seu meio. Discutira acaloradamente com as irmãs e o cunhado, chegando à violência física, da qual nunca fora aliado e que lhe resultou em um olho roxo.

No dia em que Ana Maria fora atendida no Grupo Espírita Fraternidade, mandara um mensageiro avisar a família Castro que, por compromissos assumidos com o Império, não poderia estar presente para a consulta, mas que a mesma se mantinha marcada para a semana vindoura.

Na semana seguinte, Ana Maria não veio, mas mandou-lhe uma carta. Juca, aquele negrinho que um dia causara o acidente com a carruagem, é que lhe trouxe o envelope, e Fábio Augusto interpretou como empáfia a postura firme do ex-escravo.

Doutor Fábio Augusto Severiano.

Escrevo-lhe esta para agradecer sua intenção em me tratar. Acredito que os honorários contratados junto ao meu marido já es-

tejam quitados, porém, se houver ainda alguma outra despesa, lhe peço que nos informe.

Não voltarei mais para as consultas, pelos motivos que já discutimos. Não vou informar ao meu marido quem na verdade é o senhor, mesmo porque ele não o conhece e não vejo motivos para que venha a conhecer. Não sofrerei nenhuma pressão por parte de meu marido para continuar o tratamento, porque não há mais nada a tratar. Minha visão voltou totalmente, graças ao tratamento espiritual que recebi destes maravilhosos anjos de luz, que já haviam sido responsáveis pelo meu despertar, o senhor João Gonçalves do Nascimento e meu grande amigo, o doutor Bezerra de Menezes.

Sei que o senhor desdenha do espiritismo, mas, como é médico, gostaria de lhe perguntar: como pode a visão de uma pessoa retornar em apenas alguns minutos? Qual tratamento há na sua medicina que possa causar tal efeito?

Caro doutor, pense a respeito e, por favor, siga sua vida, pois seguiremos a nossa.

Ana Maria de Castro.

Espiritismo! Bezerra de Menezes! Que mistura explosiva em sua vida! Mais uma vez ele se infiltrando e frustrando seus interesses. Fábio amassou a carta e jogou-a com força contra a parede. Um ódio profundo contra tudo fervilhava em suas veias e a tarde quente se transformou num inferno. Quando se deu conta, estava com a roupa encharcada de suor. Saiu, então, para a rua e, embora o calor de fora não fosse diferente, respirou profundamente, como se o ar do consultório estivesse impregnado de mais um fracasso. Espiritismo? Que disparate! Que ingratidão à medicina, a Charcot, a ele...

Caminhou sem rumo pela cidade até apanhar um tilburi[32] e foi para casa, onde imediatamente mandou chamar Ataíde de Freitas, mas este só se apresentou próximo ao jantar, como já era seu costume.

Mais tarde, novamente sentados no escritório, com Fábio estendendo os pés sobre a mesa e Ataíde enchendo seu cachimbo, a primeira frase que se ouviu desde o jantar foi:

– Eu o quero morto!

[32] Carruagem leve para apenas um passageiro e com apenas um cavalo.

Fábio Augusto falou com tamanha introspecção, que Ataíde relutou em perguntar qualquer coisa. Teria deixado escapar um pensamento e o vestido com palavras? Somente com o olhar ferino de Fábio sobre si é que se deu conta de que tinha que continuar o assunto:

– Lúcio de Castro? – perguntou.

– Bezerra de Menezes.

– Mas isso não é novidade.

– Nunca quis tanto.

– Acho que está errando o alvo. É muito mais difícil...

– Eu tenho um plano, um grande plano...

Ataíde ficou à espreita. Normalmente era ele o autor dos planos, mas o olhar de Fábio demonstrava que ele estava muito seguro do que falava. Depois de acender seu cachimbo e tirar algumas baforadas, continuou:

– Então me diga...

– Vamos resolver dois problemas com apenas um golpe. Lembra do que lhe contei da conversa do João Matoso sobre o ciúme doentio de Lúcio de Castro?

Ataíde não respondeu. Baixou seu cachimbo e olhou pasmado para Fábio. Sua mente ardilosa rapidamente entendeu a extensão da ideia do amigo. Poderia não saber de detalhes, mas antevia já uma sequência de fatos se desenrolando. Sorriu. Um cliente nas condições de Fábio lhe era muito rentável. Na verdade, embora suas tramas políticas, sempre se dera melhor com a passionalidade.

Fábio Augusto tirou os pés de cima da mesa e arqueou-se sobre ela, com os cotovelos bem abertos, e passou a falar tão baixo que foi preciso que Ataíde também se aproximasse para conseguir ouvi-lo. Não havia mais ninguém que pudesse ouvir o que falavam, mas as palavras quase sussurradas atestavam a gravidade das ideias que trocavam.

Capítulo 27

Dona Hemengarda faleceu num sábado, quando clareava o dia. Uma multidão estava reunida no pátio da casa-grande, em vigília durante a madrugada. Preces comovidas eram elevadas em seu nome, por toda gente. Aquela alma generosa tinha sido o arrimo dos sofredores nos tempos em que o marido não relutava em usar o tronco e o chicote. O período em que ela comandou a fazenda fora um paraíso na Terra para aquelas almas sofredoras. Sobre sua orientação firme e humana, a produtividade da fazenda Bela Vista era a maior da região, o que sempre facilitou o trabalho de Fábio Augusto, desde quando morava na Europa e lá montara um escritório de importação de café. Os contratos que firmara eram motivo de inveja de muitos cafeeiros.

A costela quebrada perfurara o pulmão e a vida foi escapando aos poucos daquele corpo. Diziam que não passaria da quinta-feira, mas venceu também a sexta, quando Fábio Augusto retornou do Rio de Janeiro, tarde da noite.

– Meu filho, não podia partir sem lhe falar.

– A senhora não pode se esforçar... Vamos, descanse...

– Creio que terei algum tempo para descansar do outro lado, não se preocupe. Escute, por favor... não me importo com a nossa riqueza, daria ela toda em troca da felicidade dos meus filhos. Mas esta riqueza hoje tem uma grande finalidade: dividir alegria. Neste tempo que tenho conduzido esta fazenda, a paz esteve presente e sempre me foi prazeroso ver essa gente trabalhar com um sorriso nos lábios, por que sabiam que não seriam perturbados por castigos, tampouco faltaria comida em suas mesas...

– Mas, minha mãe, são escravos...

– São seres humanos e assim precisam ser tratados. A riqueza da família precisa ser mantida para poder ser dividida com amor. A riqueza da família precisa ser o motivo para que meus filhos se mantenham unidos e para que você, meu filho, não se perca ainda mais no caminho...

– O que quer dizer com isso?

– Que viver apenas para seus próprios interesses o fará cada vez mais infeliz. Agora a tarefa de manter a riqueza da família é sua. Para isso, vai ter que trabalhar muito e ocupar o pensamento em coisas realmente úteis. Se você fraquejar, haverá tristeza na vida de muitas pessoas e você também ficará triste. É hora de pensar numa família; de pensar em uma esposa e filhos. É hora de amadurecer, meu filho, e eu já devia ter tido essa conversa com você há muito tempo...

As palavras de dona Hemengarda pesavam no coração de Fábio, muito mais pela precisão do que pela dureza. Que filho fora ele até aquele dia? A morte do pai o abalara profundamente, por que tinha certeza de que ele partira sem aprová-lo. Agora a mãe também partia sabendo que ele estava longe de ser um chefe de família. As lágrimas se condensavam em seus olhos e um soluço veio romper o dique que as represavam.

– Prometa, meu filho, prometa que tudo fará para manter a riqueza da família e, com essa riqueza, distribuir paz.

– Eu prometo... sim, eu prometo. Nada faltará a ninguém, eu prometo.

As lágrimas também abundavam no rosto de dona Hemengarda, mas ela sentia que um peso imenso saía de sua alma. Via nos olhos do filho a sinceridade. Era um começo. Sabia que sua vontade era fraca e que a promessa poderia não ser cumprida, mas tinha a esperança que a idade e o choque de sua morte pudessem transformá-lo, finalmente.

Fábio foi o primeiro que percebeu que ela não mais respirava. Não emitiu nenhum gemido, apenas partiu. A notícia se espalhou como vento e, onde chegava, causava profunda comoção. Era o dia 4 de dezembro de 1886.

Capítulo 28

Rio de Janeiro, 25 de julho de 1887.

Querida mamãe.

Sinto muito sua falta aqui. Quando voltará para ficar para sempre? Nos meses em que esteve aqui, João Bento e Terezinha, que agora são seus sócios, com todos os méritos, conduziram a casa e a oficina como se aí estivesse. Ah! Minha mãe, volte logo.

Minha barriga está enorme e seu neto, ou neta, parece que gosta de cavalos, pois passa o dia galopando aqui dentro. Os dois enxovais estão quase prontos, um azul e um rosa. Dona Dodoca já sabe para quem vai o que sobrar, *pois conhece muitas famílias que passam por necessidades. Os clientes do doutor Bezerra continuam muitos e pobres. As lutas que abandonou no meio político, agora se transferem para a divulgação do espiritismo. É um trabalhador incansável, mesmo recebendo a mais baixa das campanhas contra o seu nome, por ter confessado publicamente sua nova fé. Porém, parece já estar calejado e Juca me disse, há alguns dias, que aprendeu a levar pedradas quando político e que isso só o fez mais forte.*

Infelizmente, Lúcio continua irredutível. Não quer mais ver o doutor Bezerra, quanto mais permitir que ele frequente nossa casa. Ainda bem que não proíbe a vinda da dona Dodoca e da Zizinha. Eu pensei que, com a vinda do bebê, ele amoleceria o coração, porém, estava enganada. Sinto mesmo que a reação foi contrária. Desde que soube da notícia, embora continue me tratando com atenção e desvelo, está cada vez mais ensimesmado. Não era esse seu grande sonho? Se eu ao menos pudesse contar a ele a verdadeiro motivo que me permitiu engravidar. Mas isso seria revelar que mentimos, mesmo que esta mentira tenha sido para me proteger do doutor Fábio Augusto, que ele nem tem ideia de quem é, porque um dia também não lhe falamos toda a verdade que cercava a morte de papai. É uma grande verdade dizer que uma mentira puxa a outra e nos tornamos escravos de cada uma delas.

Lúcio está cada vez mais distante. Desde que voltou de São Paulo, no ano passado, nunca mais foi o mesmo. Ah! Mamãe, como eu gostaria de reencontrar aquele homem apaixonado que Lúcio foi um dia! Nada me falta materialmente, mas... ah! Mas já chorei tanto por isso. Não fosse por esta criança que logo virá ao mundo, hoje eu seria uma mulher profundamente infeliz.

Sua presença aqui seria um arrimo para enfrentar esta situação.

Sua filha

Ana Maria

Capítulo 29

No convés do navio, Fábio Augusto olhava com indiferença para as maravilhas da natureza que se espalhavam aos seus olhos. Desde a morte da mãe, não sabia mais o que era ter o tempo que quisesse livre. Fazia um ano que dona Hemengarda partira. E hoje, no dia 04 de dezembro de 1887, um domingo, enquanto uma multidão se reunia ao redor da capela na fazenda, onde ela e o marido foram enterrados, para ouvir a missa encomendada em sua memória, Fábio Augusto adentrava a baía da Guanabara, voltando da Europa e trazendo consigo uma pasta com inúmeros novos contratos de compra do excelente café da fazenda Bela Vista.

Fora obrigado a reatar relações com o cunhado, o qual ficara encarregado da produção na fazenda, enquanto ele se responsabilizava pela colocação do produto nos diversos mercados. Já era o que fazia anteriormente, mas não com a seriedade que uma promessa lhe obrigara a ter. Além do mais, não tinha nenhum ânimo em promover a paz entre os escravos da fazenda. Para ele, apesar do pedido da mãe, continuavam a ser apenas escravos. Além da promessa no leito de morte da mãe, também havia a certeza de que, se não trabalhasse desta vez, a riqueza da família desapareceria em pouco tempo. A isso ainda somava-se o desejo de sufocar a imagem de um perdedor que tanto o incomodava. Muito mais que distribuir paz, queria ser visto com um homem que manteve a riqueza da família.

Enquanto Fábio se aproximava da terra, nas proximidades do cais de desembarque do Rio de Janeiro, e negros choravam ao redor da capela de dona Hemengarda, Lúcio de Castro, sentado à sombra de uma castanheira do passeio Público, observava Ana Maria apontar borboletas para o pequenino Lúcio de Castro Filho. O Lucinho nascera forte e saudável e estava com quase três meses. Vestido elegantemente, Lúcio puxou do seu relógio e viu que já passava um pouco das 10:30 horas. Haviam assistido à missa na Candelária, como era do costume e, depois disso, João Amaro, o cocheiro indicado por Juca para trabalhar para a família Castro, conduziu a nova carruagem da família até o passeio Público, na praia da Lapa, onde aguardariam até a hora do almoço. Lúcio havia feito uma reserva no Zum Schlauch,[33] na rua da Assembleia, do seu amigo dos tempos de Petrópolis, Jacob Wendlin, que há menos de um ano havia inaugurado o restaurante e já fazia bastante sucesso. A manhã estava linda e o calor não estava intenso. Enquanto Ana Maria passeava com Lucinho, Lúcio preparava-se para ler o seu jornal.

Abriu o jornal *O Paiz*, já sabendo qual página buscar por primeiro. Sorriu de maneira sarcástica quando encontrou o que queria:

O princípio das vidas múltiplas

> A doutrina espírita tem por base um princípio que modifica radicalmente o sistema aceito pelas escolas espiritualistas: é o princípio da "preexistência ou das vidas múltiplas".
>
> A verdade desse postulado prova-se pelo raciocínio e pela experiência.
>
> A razão nos diz que, sendo o homem perfectível, não pode seu maior progresso medir-se pelo que adquire na terra; que, portanto, se ele é criado, como ensina a Igreja, para a sociedade de Deus, bem pobre é a corte do Rei dos reis, do Senhor dos senhores, se é constituída pelos nossos sábios e pelos nossos santos. A razão nos diz que, para chegarmos à altura de podermos entrar na corte celestial, precisamos de tanto saber e de tanta virtude, que o mais adiantado habitante da terra mal pode imaginar. Daí a necessidade de maior perfeição que a do nosso planeta; o que supõe, como corolário, vidas sucessivas, em mundos mais adiantados, para o completo desenvolvimento da perfectibilidade humana.

---

[33] Zum Schlauch foi o primeiro nome do Bar Luiz, que existe até hoje, mas em outro endereço, na rua da Carioca. Seu fundador foi o brasileiro nascido em Petrópolis, Jacob Wendlin. Foi o primeiro local a servir chope no Rio de Janeiro, em 1888. (www.barluiz.com.br)

E não é só isto que nos ensina a razão. Os fatos mais comuns da vida humana lhe são valiosos subsídios para a demonstração do alto princípio. Vemos crianças desenvolverem, desde os tenros anos, antes mesmo de terem a razão esclarecida e a consciência firmada: umas, um arrastamento invencível para o bem, outras, igual pendor para o malsão disposições naturais, pois que se revelam desde o berço.

E, se é certo que só temos uma existência, e que o espírito é criado por Deus para o corpo gerado no seio materno, só a Deus deve ser atribuída essa diversidade de índoles. Uns nascem com índole ou natureza boa, porque assim saíram das mãos do Criador. Outros nascem com índole ou natureza má, porque assim saíram das mãos que criaram os bons. Deus, então, cria espíritos com disposição para o bem e espíritos com disposição para o mal. E, entretanto, exige de todos a mesma perfeições onde nos conduz fatalmente a doutrina da vida única!

Mas não pode ser verdade o que atesta falha nas infinitas perfeições do Criador; logo o fato da diversidade de disposições inatas dos espíritos, em relação ao bem, condena, por falsa, a doutrina da vida única. Sua oposta, a doutrina da pluralidade de existências, sustenta brilhantemente o confronto com aquele infalível critério da verdade, em relação ao fato invocado. Em cada existência os espíritos fazem variadíssimo uso de sua liberdade, no desenvolvimento de sua perfectibilidade intelectual e moral.

Uns, assim como vemos em nossa humanidade terrestre, sobem ao maior grau: à santidade. Outros ficam estacionários, como ainda vemos na terra, no primeiro degrau da infinita escada. E entre os dois extremos, inumeráveis graduações. Na seguinte existência, nesta em que examinamos o fato, o que se há de naturalmente dar? Há de se dar necessariamente que o atrasado revelará atraso, e que o adiantado revelará adiantamento.

A diferença, pois, das disposições naturais dessas duas ordens de crenças que indicamos não procede de Deus, mas sim dos próprios espíritos, pelo uso que fizerem de sua liberdade. Não procede de Deus, porque todos são criados em identidade de condições, todos são dotados dos mesmos instrumentos de aperfeiçoamento, e todos têm de ir ao mesmo destino: à perfeição pelo saber e pela virtude e, pela perfeição, à felicidade mais sublimada.

O Pai reparte igualmente seus dons por todos os seus filhos, e dá-lhes a liberdade para desenvolvê-los na medida de sua vontade. Só a si deve acusar o que fizer mau uso do inestimável instrumento do progresso. Só a si, quis Deus, que cada um atribuísse seu adiantamento pelo bom uso daquele inestimável instrumento.

Assim pois, a teoria das vidas múltiplas exalta o Senhor, tanto quanto a da vida única deprime-o, pelo fato da diversidade de disposições morais inatas. E se o infalível critério da verdade de um princípio consiste em sua conformidade com os infinitos atributos do Criador, o fato que temos analisado prova, a um tempo, a falsidade do princípio da vida única e a verdade do que consagra existências sucessivas.

A idêntico resultado nos conduz à variedade da capacidade intelectual. Pela doutrina da vida única, é Deus que dotou desigualmente a humanidade de inteligência. Sócrates só foi grande por obra de um favor do Senhor! O hotentote é incapaz do alto saber por obra de um desfavor do Senhor! Esta doutrina não se conforma com a indefectível justiça do Criador, logo o fato da variedade da capacidade intelectual condena o princípio da vida única.

Pelo ensino espírita das vidas sucessivas, Sócrates, tendo em passadas existências bem usado de sua liberdade no desenvolvimento da inteligência, que Deus lhe deu igual à de todos os homens, só a si deve o alto posto que teve no mundo. Por aquele ensino, o hotentote, não tendo bem usado de sua liberdade no cultivo da inteligência, só a si deve seu atual atraso.

Mas Deus fez tudo com tal bondade, que, mais cedo ou mais tarde, o hotentote chegará onde chegou Sócrates. Ainda aqui, a doutrina das vidas múltiplas revela-se verdadeira por sua conformidade com as divinas perfeições.

Max.[34]

– Que afronta usarem o nome de Deus para tamanhas blasfêmias! – falou Lúcio, em voz alta, embora somente para si, pois Ana Maria estava distante conversando com outra mulher.

Lia todas as colunas de Max para a defesa e divulgação do espiritismo, desde que começaram a ser publicadas no jornal *O Paiz*, há pouco tempo. Era um jornal de grande repercussão, o que deixava Lúcio ainda mais indignado. Lembrava da conversa entre Juca e Quintino Bocaiúva, há pouco mais de um ano na confeitaria Pascoal,

[34] Bezerra de Menezes, usando o pseudônimo Max, produziu 480 artigos, de 1887 a 1897.

quando ambos falaram da possibilidade do doutor Bezerra publicar textos em seu periódico. Blasfêmias! Como podia a Santa Madre Igreja não exigir a excomunhão de todos os envolvidos nessa loucura, ainda mais sendo severamente atacada por esses alienados? Era preciso fazer alguma coisa. Ele mesmo tinha contatos influentes no meio jornalístico e pensava numa maneira de rebater essas sandices.

Em meio a divagações sobre o assunto, não prestou atenção à mulher que conversava com sua esposa, porém, quando se deu conta, teve um sobressalto. A mulher estava de costas para ele, mas sabia quem era: a jovem Úrsula de Alencar, filha do senhor Araújo de Alencar, um dos diretores da Companhia Estrada de Ferro Dom Pedro II. Imediatamente levantou e foi na direção das duas, chegando a passo manso, tentando ouvir o conteúdo da conversa, antes de ser notado.

– É um menino lindo! – falava Úrsula, enquanto Ana Maria apenas sorria com orgulho, percebendo a aproximação do marido.

Ao perceber que falavam amenidades, Lúcio relaxou e entrou na conversa, tão logo Úrsula percebeu sua presença.

– Como vai, senhorita? Não vejo seus pais por perto, está sozinha?

– Eu vou bem, senhor Lúcio, ainda mais depois de conhecer seu filhinho. Meu pai está fora da cidade, como sempre, e minha mãe envolta em suas obras de caridade. Veja o senhor, em pleno domingo, terei de almoçar sozinha...

– Ora, mas ficaríamos felizes com sua companhia, por que não almoça conosco? – perguntou Ana Maria, olhando para o marido e estranhando seu olhar fechado, como se tivesse reprovado seu convite. Imaginava que ele acharia uma gentileza convidar a filha de um de seus superiores para o almoço, mas, ao que parecia, estava enganada.

Lúcio demorou alguns segundos para reiterar o convite da esposa, porém, quando o fez, de pronto Úrsula aceitou, efusiva e pedindo para segurar um pouco a criança, para que a mãe pudesse descansar, já que a ama estava distante, em outro banco, conversando com o cocheiro. Evidentemente insatisfeito, Lúcio olhou severamente para Úrsula, que ignorou seu olhar enquanto se desfazia em elogios ao pequeno Lucinho. Sem mais palavras, procurou o banco mais próximo, de onde pudesse ouvir o que conversavam as duas, e tentou continuar lendo seu jornal, mas a presença da jovem o perturbava. Ficou muito tempo olhando para ela. Tinha apenas 19 anos e longos cabelos negros emoldurando um rosto fino e de pele levemente bronzeada, conquistada pelo hábito um tanto estranho de tomar banhos de mar, mesmo que fosse por recomendação médica. Seus olhos eram negros, como os cabelos, e o sorriso era solto e cristalino. Olhava vez ou outra para Lúcio e sorria, mas sem que Ana Maria percebesse.

Inquieto com a situação, Lúcio adiantou a ida ao Zum Schlauch. Chamou o cocheiro e dirigiu-se à carruagem, seguido pelas duas mulheres e a ama. O assunto do trajeto foi ainda mais incômodo. Propositadamente Úrsula começou a falar sobre sua simpatia ao espiritismo e exatamente sobre o texto publicado naquele dia no jornal *O Paiz*, que Lúcio acabara de ler.

– Esses artigos são fantásticos! É um novo mundo que se abre aos nossos olhos... – falava a moça e Ana Maria mantinha-se em silêncio, temendo que qualquer comentário seu desagradasse ainda mais o marido.

– Seu pai permite que a senhorita leia artigos desta ordem? – perguntou Lúcio.

– O senhor sabe que meu pai é um liberal. Em termos de religião, não me impõe nada, muito pelo contrário. O senhor sabe também que ele foi curado por aquele notável médico de Niterói, que é espírita e homeopata, o doutor March.[35] Os médicos daqui tudo fizeram, mas ele sofria até para subir os poucos degraus da entrada da casa. Em pouco tempo, com a homeopatia, recobrou a saúde, e como! Além do mais, meu pai tem lá suas preocupações, bem maiores do que a filha.

[35] Guilherme Taylor March (1838-1922) ficou conhecido como Pai dos Pobres. Dedicou sua vida ao atendimento dos desvalidos. Uma multidão de sofredores o procurava diariamente e suas curas, consideradas muitas vezes milagrosas, eram comentadas na capital do Império. Grande entusiasta na divulgação da homeopatia, foi presidente do Instituto Hahnemaniano Brasileiro por muitos anos e redator dos *Anais do Instituto Hahnemaniano*. Ao final da vida, não podendo mais atender (pois estava cego e paralítico), desdobrava-se para, em espírito, continuar seu trabalho através do receituário mediúnico de alguns médiuns em centros espíritas do Rio de Janeiro (Rocha, Alexandre. *Dr. March em dois planos*. IEBM, Niterói.)

Lúcio de Castro sabia bem a que se referia Úrsula. Araújo de Alencar levava uma vida dissipada fora do ambiente familiar, famoso por ter várias amantes. Já ouvira muito falar desse doutor March, que propagava tanto a homeopatia como o espiritismo através do seu trabalho, e isso também o incomodava. A chegada ao número 102 da rua da Assembleia interrompeu o assunto e todos desceram. Antes de entrarem no restaurante, Ana Maria percebeu que uma negra vendia rendas, sentada no degrau de uma casa de comércio fechada por ser domingo. Ela e Úrsula foram olhar as rendas, enquanto Lúcio entrava no restaurante para cumprimentar o velho amigo de Petrópolis.

Nenhum deles viu que, parado na esquina próxima, um homem olhava as duas mulheres com evidente curiosidade. Devido à proximidade, Fábio Augusto Severiano, que havia despachado sua bagagem e caminhava pelo centro da cidade esperando a hora do almoço, teve de se esconder na quina de uma parede para não ser visto por sua antiga paciente. Estava estático diante do quadro da mãe levando o filho no colo. Seu coração acelerava e a respiração estava descompassada. A paixão em seu peito ainda era avassaladora. Um ano sem vê-la, e o tempo pouca ação tivera em seus arroubos sentimentais. Como estava linda!

Soubera, através do seu fiel informante, Ataíde de Freitas, que o casal Castro ia ter um filho e quase ficou desesperado. A promessa feita à mãe no leito de morte, assim como a grande carga de trabalho redundante da mesma, o fizera postergar seu plano em relação à conquista de Ana Maria, que envolvia uma vingança anônima ao seu grande desafeto, Bezerra de Menezes. Quando soube da gravidez, pensou que o amor em seu peito arrefeceria, dominado que estava pela mágoa. Acabara de descobrir que estava enganado. Um ano havia passado, como se fosse um dia.

Escondido na esquina, viu quando um casal de negros abordou as duas mulheres e logo reconheceu Juca e Magé, a negrinha leva-e-traz, ex-escrava de sua amante, Sofia, que reencontrara recentemente em Paris, vivendo ainda de maneira dissipada e amparada por um rico comerciante alemão. A Magé, sempre sedenta por um mexerico e por dinheiro. Será que tinha mudado?

Ainda viu Ana Maria passar o filho para os braços de Januária, a ama que a acompanhava, depois todos entrarem no restaurante. Ficou um longo tempo encostado na parede onde se escondera para poder melhor olhar sua amada. Pensou até em entrar no restaurante e medir o impacto de sua presença em Ana Maria, mas sabia que também seria reconhecido por Juca e Magé, por isso desistiu do intento e procurou outro local para o almoço. No entanto, seu coração não teve mais sossego. Cansado de uma vida distante dos prazeres a que estava acostumado, chegou a uma conclusão: Ana Maria seria dele, custasse qualquer preço. Estava com 53 anos e começava a temer que a idade viesse a ser um obstáculo aos seus planos de conquista. Não podia perder mais tempo.

Capítulo 30

Rio de Janeiro, 13 de março de 1888.

Querida mamãe

Fiquei imensamente feliz com a notícia de que virá passar mais alguns meses conosco. Quem sabe não será para sempre? A senhora bem sabe que a saúde do seu neto não é das melhores e tenho muitas dificuldades com Lúcio para fazer o tratamento adequado. As mãos benditas do doutor Bezerra toda semana pousam sobre sua cabecinha e a prece que eleva é o que mais lhe faz bem, já que não posso usar com ele qualquer medicamento que nosso amigo venha a prescrever, pelos motivos que a senhora conhece. Mesmo para que o doutor lhe dê sua bênção na forma de um passe, como se chama o que faz, é preciso que seja nos dias em que Lúcio não está em casa e nos fundos do quintal, onde nosso amigo o encontra vindo da casa de dona Eulália, nossa vizinha, que felizmente é espírita, embora o marido também a proíba de professar sua fé.

Felizmente, e eu nunca pensei que falaria isso, Lúcio fica cada vez mais tempo longe de casa. Hoje faz dez dias que partiu para Resende para resolver problemas da companhia. Antes raramente se ausentava mais que dois ou três dias. Mas lhe confesso que isso tem sido um alívio, pois, quando fica em casa, só tem tempo para suas articulações contra o espiritismo e, agora, também contra a homeopatia. Tornou-se um fervoroso opositor, tanto do doutor Bezerra, quanto do doutor March, de Niterói, que é espírita e homeopata. Na noite antes de partir para Resende, reuniu várias pessoas na nossa casa com o intuito de discutir sobre o assunto e usar da imprensa para se contrapor a esses idealismos. Ouvi falarem sobre a necessidade de se publicar artigos contra os textos de Max, que divulgam e defendem o espiritismo, e que Lúcio bem sabe ser de autoria do doutor Bezerra. Às vezes parece que toda sua luta não é contra a ideia, mas sim contra a pessoa do nosso amigo. Não fosse um pensamento tão desprovido de senso, suporia que Lúcio tem ciúmes do doutor.

Eu imaginava que Lúcio se tornaria uma pessoa feliz quando tivesse um filho, mas mesmo o relacionamento dele com Lucinho é apático. Ainda me trata com respeito, embora o carinho tenha se esvaído pelas frestas do tempo. Tenho a impressão de que Lúcio guarda em seu coração dúvidas atrozes a meu respeito, mas, por mais que eu já tenha tentado abrir as portas desses segredos, jamais consegui.

Sua presença aqui será um arrimo, tanto para mim, quanto para seu neto. Além do mais, eu não posso ter livros espíritas em casa, mas Lúcio não se atreveria a proibi-la. Felizmente tenho o Juca para me contar as novidades do movimento.

Sua filha

Ana Maria de Castro

Ps. Que grande alegria saber que há um grupo espírita em Petrópolis!

Capítulo 31

Se já não bastasse a tentativa dos espíritas de se apropriarem da fé, agora também tentam roubar da medicina os enfermos. Com uma "aguinha milagrosa" querem dizer que curam doenças. Médicos sérios dispensam anos gloriosos de suas vidas sobre os livros e em ambulatórios, tudo aprendendo sobre as doenças, para depois verem seus pacientes serem surrupiados, em eminente perigo, por estes usurpadores da crendice popular. A Santa Madre Igreja vem espalhando almas abnegadas pelo mundo, que rasgam os sertões com sua coragem indômita, para que não falte a palavra divina, tanto para o silvícola iletrado, quanto para as pessoas de fé que produzem da terra, longe dos centros urbanos. Isso é servir a Deus! Nas cidades, além de manter a alma do rebanho assistida por uma organização perfeita, fruto dos avanços da civilização, a Igreja Católica mantém o controle de hospitais, como a nossa Santa Casa de Misericórdia, onde freiras e médicos sérios cuidam, com desvelo, da nossa saúde.

Agora, espíritas e homeopatas, esta corja oriunda dos mais profundos porões do despautério religioso e científico, tentam jogar seu manto de mentiras e ilusões sobre a verdadeira ciência e a verdadeira fé. Levantem-se médicos e católicos, antes que estes bandoleiros possam causar algum ferimento mais profundo na dignidade popular! Leitores desta coluna, estejam atentos! Não se deixem iludir pelo ilusionismo espírita, tampouco pela aguinha milagrosa dos homeopatas. Não se envolvam com sortistas, mágicos, cartomantes, magnetizadores e o que chamam de médiuns, que se movem apenas por interesses pessoais, que se vestem de santos e apenas pensam em encher seus bolsos com as moedas dos mais incautos. Cuidado com médicos que se dizem protetores dos pobres, estes principalmente, pois querem apenas o beneplácito da aprovação popular para alçarem voos mais altos no contexto social. Para as doenças do corpo procurem médicos sérios e que não professam crenças esdrúxulas, nem tentam se disfarçar com a máscara da humildade. Para as doenças da alma procure seu padre, ou mesmo seu pastor, se não professam a fé católica, mas fujam dos médiuns, fujam dos espíritas e magnetizadores, que muitas vezes são uma coisa só, e que só fazem levar loucura e fanatismo para suas vidas.

Venâncio

(*Jornal do Commercio*, Rio de Janeiro, 29 de abril de 1888.)

– Então você diz que este Venâncio foi motivado pelo movimento de Lúcio contra o espiritismo e a homeopatia? – perguntou Frau Lilsa a Ana Maria, depois de ler a coluna do *Jornal do Commercio*.

– Tenho certeza, mamãe. Na última reunião aqui em casa ouvi esse nome. Falavam sobre a morte, há pouco tempo, do senhor Venâncio de Oliveira Aires, que fundou o Partido Republicano no Rio Grande e que era ferrenho defensor da abolição. Alguém perguntou que pseudônimo usariam, e Lúcio sugeriu Venâncio, em homenagem ao gaúcho.

– Paulista, minha filha. O senhor Venâncio Aires era paulista, mas radicou-se no Rio Grande. Lembro de Lúcio ter mencionado que o conhecera numa de suas idas a São Paulo.

– Sim, eu também me lembro de ele ter falado esse nome. Admirava-o por ser republicano e abolicionista. Mas veja, minha mãe, o ataque que este Venâncio faz ao doutor Bezerra. Se isto é fruto das articulações do meu marido, fico envergonhada. Esse homem é todo bondade e, desde que conheceu Lúcio, só lhe fez o bem. Estas publicações se repetem há mais de um mês... tenho medo de que a autoria seja do próprio Lúcio.

– Você lembra exatamente quando começaram estas diferenças entre Lúcio e o doutor?

– Já fiz este esforço. À medida que o espiritismo ganhava espaço no discurso do doutor Bezerra, Lúcio se afastava cada vez mais dele. Mas tem outro fato que é curioso. Lembra quando conhecemos o doutor? Quando ele foi na reunião dos liberais de Petrópolis?

– Sim, como eu poderia esquecer? Seu pai ficou muito alegre com a visita.

– Pois então... desde aquela data eu não lembro mais de ele ter tecido qualquer elogio ao nosso amigo. A princípio, ele apenas parou de falar no assunto, depois começou a criticar sua confissão espírita, até chegarmos no extremo de hoje. Recordando agora, chego a ter a impressão de que Lúcio ficou mais tranquilo com a impossibilidade de o médico ser nosso padrinho.

Frau Lilsa ficou em silêncio, com os olhos fixos na filha, mas com a mente no passado, tentando ordenar alguns episódios em sua memória. Levantou-se da cadeira da cozinha e foi até a janela que dava para o pomar e ficou mais algum tempo pensando, antes de virar-se novamente para a filha e falar:

– Talvez a hipótese do ciúme não seja tão infundada assim. Talvez devêssemos considerar o assunto. Eu lembro muito bem que Lúcio comentou sem entusiasmo sobre os elogios que o doutor Bezerra fez a nossa família e a você, principalmente...

– Mamãe!

– Não, minha filha, não se assuste. Sabemos que o doutor jamais teria qualquer outra intenção além de estimular o casamento de vocês. Elogiá-la era como dar sua aprovação para Lúcio, porém, a mente de uma pessoa ciumenta vê fumaça onde não há fogo algum.

– Mas não devemos nos esquecer dos problemas da mãe de Lúcio, que o levaram a odiar qualquer ideia espiritualista...

– Isso se resolveria no nível das palavras, minha filha – interrompeu Frau Lilsa. – Lúcio é eloquente e jamais deixaria de discutir qualquer assunto, numa tentativa de provar sua razão. Mas nunca vimos isso acontecer. O que vimos foi uma inimizade crescente e sem palavras, muda... não, o móvel desse desafeto é o ciúme.

– Mas, se é assim, o que poderíamos fazer para resolver esta situação?

– Alguma maneira há de existir. Confie em Deus, minha filha, confie em Deus...

Frau Lilsa não pôde terminar de falar, porque ouviram o grito de Januária, a ama de Lucinho, vindo de perto da janela, onde ela o cuidava sobre uma toalha estendida no gramado.

Mãe e filha correram para fora e a viram debruçada sobre a criança, estendida no chão, como se estivesse dormindo, e não entenderam de pronto o que estava acontecendo. Quando ela viu que as duas desciam as escadas, começou a falar:

– Eu só fui no fundo do quintal, sinhá... Não demorei nem um minuto.

– Mas o que está acontecendo? – perguntou Frau Lilsa.

– O tadinho tava se torcendo todo... e parecia que não respirava... ah! Sinhá...

Enquanto Januária falava, Ana Maria já estava com Lucinho no colo e via que ele ainda estava enrijecido. Ao encostar o seu rosto no filho, já em desespero, notou que ele estava muito quente.

– Mas ele está ardendo em febre! Como ele não estava chorando?

– Ele chorava um pouquinho sim... mas a sinhá sabe que faz dias que ele tá assim...

Enquanto falavam, Ana Maria já corria para o quarto, onde foi tirando seus cueiros e fraldas.

– Ele está tremendo, mamãe... por favor, o que fazemos?

– Já chamei o João Amaro e ele foi buscar a carruagem. Não temos saída, vamos para o médico mais próximo.

Ana Maria não teve dúvidas em seguir a orientação da mãe, mesmo sabendo que o médico mais próximo era o doutor Bezerra de Menezes. Já fazia algum tempo que Lucinho estava doente, mas os médicos trazidos por Lúcio não conseguiam diagnosticar a causa com exatidão. Falavam que era necessário alimentar melhor a criança e isso levava Lúcio a culpar Ana Maria pela situação.

Capítulo 32

Em meados de maio de 1888, logo após a grande agitação causada pela abolição recente da escravatura, que colocou em ebulição o ambiente social da capital do Império, Lúcio de Castro partiu a trabalho para Resende, onde a Companhia de Estrada de Ferro mantinha um escritório junto com a estação de trem. A vitória dos abolicionistas o embalara nos últimos dias, mas agora a dúvida voltara a dominar seu pensamento. Com um esforço quase sobre-humano conseguia conviver com a esposa sem demonstrar seu profundo desequilíbrio íntimo, porém, cada vez menos tempo permanecia em casa. Olhar para a criança era como lancetar seu coração com veneno. Quem era o pai de Lucinho? Poderia ser ele, evidentemente, daí estaria sendo terrivelmente injusto e jogando fora o tempo mais feliz da sua vida. Porém, por que só agora Ana Maria concebera um filho? Quantos anos passaram tentando com que ela engravidasse e nunca conseguiram? Como ela conseguiu agora, assim, de repente? Gostaria de perguntar diretamente ao doutor F se havia alguma correlação entre a histeria e a maternidade da esposa, mas, por mais que tenha tentado um contato com o misterioso médico, nunca conseguiu uma entrevista. Sempre julgara que o problema da esposa não engravidar fosse alguma deficiência na saúde dela, mas alguns médicos já haviam aventado a possibilidade de o problema ser com ele. Devido a isso, o que mais lhe afligia era a possibilidade de Lucinho ser filho do seu concorrente anônimo, que assombrava sua vida desde as vésperas do casamento com Ana Maria Klaus.

Deitado na cama e com as janelas abertas, naquela madrugada quente de maio na pensão Nossa Senhora da Conceição, em Resende, seu pensamento mais uma vez fazia o mesmo caminho inglório, que jamais lhe dava alguma conclusão definitiva, somente o levava à exaustão emocional. Repassava sua vida desde a visita do ex-amigo Bezerra de Menezes à família Klaus, a conversa de João Bento e Terezinha que ouvira enquanto tomavam banho de rio, até a notícia da gravidez da esposa. Nada de concreto, só suposições e o conflito de consciência, pela possibilidade de estar sendo monstruosamente injusto.

Perdido em divagações e irritado consigo mesmo, respirou profundamente, o que fez Úrsula se virar e encostar a cabeça em seu braço. Olhou para a bela jovem deitada ao seu lado e seu pensamento teve um tipo de espasmo, como se quisesse se contrair a tal ponto de expulsar dele toda culpa. O caso entre os dois vinha amadurecendo há vários meses, quase um ano, desde que a conhecera em um jantar oferecido por seu pai aos engenheiros da Companhia de Estradas de Ferro Dom Pedro II. Porém, nunca passara de flertes e longas conversas, que estavam cada vez mais ousadas. Fisicamente, Lúcio conseguira evitá-la até a última noite, quando foi visitar o senhor Araújo de Alencar, pai de Úrsula, que também estava em Resende, hospedado com a filha, em casa da família, que senhor Araújo comprara há não muito tempo. O pai de Úrsula alegava a compra pela proximidade das obras de ampliação da ferrovia, porém, quase todos sabiam que fora esta ampliação que o levou a conhecer a senhora Joaquina Sampaio Fontes, uma portuguesa um pouco avançada para o seu tempo, que viuvara assim que chegou ao Brasil. O marido de dona Joaquina fora contratado pelo Imperador para trabalhar na Companhia de Estrada de Ferro e fora Araújo de Alencar seu cicerone desde a sua chegada. Depois do jantar, o senhor Araújo saiu furtivamente e tanto Lúcio quanto a filha sabiam para aonde ele ia. Na verdade, o pai ficou muito satisfeito com a presença de Lúcio, pois este o livrara do embaraço com a filha, já que ele não entendera a insistência dela em acompanhá-lo para Resende.

Lúcio sabia que Úrsula estava perdidamente apaixonada por ele, e sabia também que era sua primeira paixão. Sabia que ela fazia de tudo para estar por perto, como fora o episódio do almoço no Zum Schlauch, meses antes, que tanto o incomodou. Era uma mulher linda e ele se sentia traído e solitário, por isso, ao menos era o que ele justificava a si mesmo, deixou a conversa correr naquela noite, além do vinho, até chegarem aonde estavam agora. Nem havia pensado em como devolver a moça à casa do pai, mas isso chegava a ser um problema menor. Sabia mesmo que o pai só voltaria no outro dia, como de costume. Em relação a ela, o que mais incomodava Lúcio era saber que não tinha nenhum sentimento maior que o movesse. Todo o conflito passional em seu peito só tinha uma personagem: Ana Maria. Úrsula lhe atraía, porém, nada mais que isso. Então ele sabia que poderia ter evitado aquela situação.

Com muito custo conseguiu acordar a amante e levá-la para casa antes que a aurora começasse a pintar o leste com tons rosados. Voltou para a pensão quando o movimento das negras na cozinha, agora livres e que permaneceram trabalhando, começava, e foi direto para o quarto, mas sabia que não mais dormiria. Por isso apanhou sua valise de trabalho, disposto a ler as correspondências que não tivera tempo de fazê-lo no Rio de Janeiro.

A maioria da correspondência era de relatórios sobre trechos em construção ou reforma de estradas de ferro. Algumas eram cartas de recomendações para novos operários que ele pedira à companhia, mas havia uma que lhe causou estranheza. Estava endereçada à mão, mas em letra de imprensa, bem desenhada, sem rasuras e sem remetente. Sem saber o motivo, um calafrio correu por seu corpo e um leve tremor dominou seus dedos, fazendo com que a carta caísse.

Apanhou o envelope e o rasgou com alguma ansiedade. Desdobrou o papel de boa qualidade rapidamente e leu a primeira vez o pequeno texto escrito, com a mesma caligrafia, mas pareceu não entender o que lera. Então repetiu, tentando pausar a ansiedade do seu raciocínio:

Caro amigo

Os encontros nos fundos de sua casa são uma falta de vergonha, que não condizem com a posição de sua família dentro da sociedade carioca. Por favor, tome providências.

Anônima. Uma carta anônima. Uma denúncia. Encontros no fundo do quintal? O que significava isso? Uma brincadeira? Claro que não. Quem se daria a este trabalho, se não houvesse alguma coisa estranha acontecendo? Encontros no fundo do quintal! Ana Maria? Santo Deus! Ela poderia ser tão sórdida? A ama? Porém, se fosse só a ama e o cocheiro, que andavam de sorrisinhos, algum vizinho se incomodaria com isso? Ou, caso se incomodassem, não citariam os nomes?

Por longos minutos, Lúcio ficou estático e perplexo. Perdeu a noção do tempo. Seu pensamento funcionava em pulsos arrítmicos, sem sequência. Não ouviu que a mucama veio perguntar se ele queria tomar seu café da manhã e ficou olhando para ele, como se tivesse visto um fantasma, tamanha era sua expressão de espanto.

De repente, num choque, pulou da cama e começou a recolher suas roupas. Tinha compromissos na cidade, mas não podia mais ficar. Ainda remexeu os lençóis e encontrou as manchas de sangue, que durante a noite lhe deram alguma satisfação, pela confirmação que fora realmente o primeiro amor de Úrsula, mas que agora não lhe causava nenhuma emoção. O trem da companhia para o Rio de Janeiro partia as 7 horas, portanto, havia tempo suficiente para apanhá-lo.

Úrsula passou a manhã dormindo e, ao acordar, Lúcio já estava distante da cidade. Abriu a janela do seu quarto, de onde podia ver a pensão onde tivera seu primeiro encontro amoroso, e sorriu. Sabia que estava errada. Sabia que ele era casado, mas o amava. O que ela podia fazer?

Capítulo 33

Quando Fábio Augusto viu Ana Maria aproximar-se do muro baixo de pedras, que separava a propriedade da família Castro da casa da senhora Eulália Santos de Paiva, ficou exultante com sua sorte. Era a primeira vez que examinava sua nova propriedade, comprada pela velha Raposa, Ataíde de Freitas. Este soube que a dona Eulália estava vendendo mais uma parte do que lhe coubera de herança, porque o pecúlio deixado pelo senhor Eugênio Santos de Paiva, recentemente falecido, não era dos melhores. Enquanto ainda em vida, depois de perder quantias consideráveis no jogo, o senhor Eugênio vendera a parte dos fundos da sua grande propriedade para o jovem e promissor engenheiro, Lúcio de Castro, onde logo o mesmo construiria a casa da família. A amizade que os envolveu fez com que mantivessem um muro baixo entre as casas, já que ficavam a uma distância considerável uma da outra.

Ataíde de Freitas soube das condições financeiras da viúva e lhe propôs o negócio, informando que seria apenas o intermediário e que o verdadeiro comprador preferia se manter no anonimato. A casa comprada por Fábio fora construída pelo senhor Eugênio para a filha e seu noivo, mas a filha, que sempre tivera a saúde frágil, morrera pouco tempo antes do casamento.

Desta forma, ali estava ele e, na sua primeira visita à nova casa, tinha a agradável surpresa de ver Ana Maria, carregando seu filhinho no colo, aproximar-se do muro. Pensou que esta encontraria dona Eulália, mas ainda maior foi sua surpresa quando viu que quem se aproximava para o encontro era o doutor Bezerra de Menezes. O que significava aquilo? Um encontro secreto? Aproximou-se ainda mais da quina do muro de sua casa, chegando a correr o risco de ser percebido, na tentativa de ouvir o que falavam, mas não conseguiu. Porém, atento, viu quando Ana Maria descobriu a cabeça do pequeno Lucinho, para que o médico colocasse ambas as mãos sobre sua cabeça e ficasse longo tempo em silêncio. Em seguida se despediram.

Então sua amada, impedida que estava de procurar o médico, procurava o curandeiro? Mas, que ele soubesse, qualquer encontro entre os dois estava proibido, principalmente por motivos de espiritismo. E se Lúcio soubesse do fato?

Depois que ela entrou, ficou um longo tempo olhando para a casa dos Castro. Comprara a casa na intenção de provocar encontros fortuitos com Ana Maria, pois todas as três casas tinham muro baixo. Sabia que Lúcio ficava períodos maiores longe de casa. Precisava cercar a situação por todos os lados. Ataíde de Freitas, junto a João Matosinhos, preparava a cilada que havia engendrado. Um plano perfeito, que poderia resolver dois grandes problemas de uma só vez. O encontro que acabara de presenciar facilitava sobremaneira a execução deste plano.

Nos dias seguintes, descobriu que os encontros aconteciam sempre nas terças e quintas-feiras, no final da tarde, já começo da noite. Nestes dias, mesmo que não estivesse fora do Rio de Janeiro, Lúcio de Castro tinha outros compromissos que o atrasavam. Dona Eulália era uma senhora de bom coração, que havia levado uma vida difícil junto a um marido dissipador, e que gostava muito de conversar. Ataíde de Freitas fez-se amigo da viúva durante os negócios e, a pretexto de colher mais informações, foi arrastando a finalização dos documentos da venda. Cada vez que lá ia, dona Eulália mais falava. Num dos encontros, conheceu uma jovem que a visitava também com frequência, chamada Úrsula, e que era filha de um velho opositor do Partido Liberal, o senhor Araújo de Alencar. Soube que Úrsula fora muito amiga da filha de dona Eulália, que falecera antes do casamento. A princípio a raposa não teve nenhum interesse na moça, mas, quando a viúva lhe falou do quanto que Úrsula admirava o vizinho dos fundos, ficou todo ouvidos. Seu instinto matreiro logo o levou a descobrir que, se ainda não acontecia um caso entre Lúcio de Castro e ela, não tardaria a acontecer.

Outra fonte importante de informações era uma velha conhecida do doutor Fábio Augusto. Sabedor que era da facilidade de arrancar informações da Magé, contratara uma negra para fazer amizade com ela, o que não era difícil. Em pouco tempo, Magé fornecia informações importantes sobre a vida conjugal do casal Castro, e sem Fábio Augusto se expor, caso tentasse comprar essas informações dela, como fazia no passado.

Todos os fatos estavam se encaixando de maneira até inesperada, por isso, Ataíde de Freitas tinha certeza de que o plano daria resultado. No entanto, apesar de ter urdido a linha mestra de ação, Fábio Augusto não estava tranquilo. No ano em que passou trabalhando em prol da manutenção e ampliação da riqueza da família, e da sua, obviamente, sentiu que sua paixão por Ana Maria não arrefeceu em nada, porém, o ânimo para executar uma ação como planejavam, estava faltando. Os pruridos de ética do passado voltavam a comprimir em seu peito uma emoção estranha e, além do mais, sonhava quase todas as noites com a mãe. Dona Hemengarda sempre se mostrava aflita e triste com ele. Mesmo que não acreditasse na ideia de vida além da morte, a sensação que permanecia em seu peito, após cada sonho, era opressiva e o fazia vacilar.

Só que agora as cartas estavam lançadas, não havia mais como parar o jogo. Quando Fábio pensou nesta ideia de cartas lançadas, não conseguiu deixar de sorrir com o trocadilho, por mais que sua consciência estivesse em desalinho.

Capítulo 34

A decisão de Frau Lilsa foi de nada comentar com Lúcio de Castro sobre o que ocorrera com Lucinho. Era uma decisão difícil, mas, diante da situação, contar seria ainda mais danoso.

Quando chegaram ao consultório, na estrada velha da Tijuca, não muito distante de onde moravam, o doutor estava terminando mais um dia exaustivo de trabalho. Como sempre, tinha o bolso vazio, mas o coração repleto da alegria mais pura que conhecia. Naquela noite, mais uma vez um coro de súplicas se elevaria ao pai pedindo por ele, em agradecimento, pela multidão de almas desvalidas a quem atendia, quase sempre sem nada cobrar.

Embora cansado, o doutor não teve nenhuma dúvida em chamá-las rapidamente para o consultório, principalmente ao ver o estado de agonia em que mãe e filha se encontravam. Ana Maria trazia Lucinho apertado ao peito, com o rosto colado em sua testa, tentando sentir se a febre estava ou não diminuindo.

Quando Lúcio chegou em casa, encontrou o filho dormindo tranquilamente e nada desconfiou do que havia acontecido, porém, Ana Maria, que fingia estar dormindo, muito tardaria em conciliar o sono. As palavras proferidas pelo doutor Bezerra por muito tempo retumbariam em sua cabeça, como um tambor que não a deixava relaxar. Diabetes, a doença conhecida há tanto tempo, mas que a medicina conhecia ainda tão pouco.

Já ouvira falar sobre essa doença, mas jamais imaginaria que seu filho poderia tê-la. O médico e amigo, que já vinha acompanhando o doentinho há algum tempo, falara em Paul Langerhans e em

Bouchardt,[36] mas Ana Maria não lembrava bem qual a importância deles para a possível doença do filho. O diagnóstico não era definitivo, mas a simples possibilidade já a assustava. Então seu filho podia ter tido aquele ataque por ter açúcar demais no sangue? Como isso era possível? Pior ainda, como contar isso a Lúcio?

A pedido do doutor Bezerra, deixara uma fralda molhada com a urina de Lucinho no terraço dos fundos da casa, e agora rezava para que não amanhecesse cheia de formigas. No quarto do outro lado da casa, a mesma prece se repetia. Sua mãe ficara ainda mais chocada, pois conhecera portadores desta doença, em Petrópolis, que tiveram muitos problemas durante a vida, a maioria falecendo em situação difícil.

Há não muito tempo, Lúcio beijava delicadamente sua testa quando trabalhava até mais tarde e chegava em casa com ela dormindo. Isso agora não acontecera. Voltava para casa dois dias antes do previsto e perto da meia-noite. Que ela soubesse, não havia nenhum trem noturno vindo de Resende. Por certo seu marido voltara durante o dia, mas fora direto para o escritório. Que sorte!

O dilema em que vivia se ampliava pelo pedido do doutor Bezerra em controlar a alimentação do filho. Ouvia as palavras do médico repetindo o nome Bouchardt e sabia que este médico estava relacionado com a dieta de Lucinho, mas não tinha certeza de nada. Torcia para que a mãe lembrasse das palavras do doutor. Porém, independente da ansiedade dela causar o esquecimento, uma coisa ela não esquecia: como contar ao marido sobre a possibilidade de o filho ter diabetes? Quem fizera este diagnóstico? Pior ainda, como convencê-lo da necessidade de mudar a alimentação do filho, quando os médicos que ele trouxera diziam que era preciso encher a criança de comida?

Deitada, de olhos fechados, sabia que Lúcio também não dormia e, ainda mais, estava aflito. Podia ouvir as batidas do coração do marido. Será que ele sabia o que acontecera? Por mais que ela e a mãe tivessem pedido ao cocheiro discrição sobre o ocorrido, quem poderia garantir que ele não contaria?

---

36 O médico alemão Paul Langerhans descobriu as células ilhotas do pâncreas em 1869. É por causa dele o nome "ilhotas de Langerhans". No ano seguinte, o francês Bouchardt trabalhou com o conceito de dieta individual, adaptada a cada paciente.

Lúcio, por sua vez, viajava mentalmente pelos infindáveis labirintos da dúvida. Ao chegar no Rio de Janeiro, inteirou-se de que tudo estava bem em sua casa, mas sem que ninguém soubesse da sua presença. Depois fora fazer uma refeição, posto que nada havia comido durante o dia, tomado de aflição devido à carta anônima que recebera. Depois, infiltrou-se pelo terreno vizinho de sua casa e pulou o muro dos fundos, cuidando sempre para não ser visto, e escondeu-se no velho paiol abandonado, que ficava no extremo do terreno, vizinho da casa de dona Eulália, e que fora usado como depósito de materiais durante a construção da casa. Lúcio não o mandara destruir por ainda conter algumas sobras de construção que poderiam vir a ser úteis, mas ali já estavam abandonadas há bastante tempo, sendo que ninguém mais o usava. O coração batia como um tambor a cada pequeno ruído que ouvia, enquanto as horas passavam. Nada viu. O som de uma carruagem chegando pensou ser de algum vizinho, nem supondo que poderia ser a esposa e a mãe trazendo Lucinho do consultório do seu suposto maior rival. Chegou a pensar em ir para um hotel e repetir a tocaia no dia seguinte, mas uma pesada sensação de ridículo começou a pesar sobre sua consciência. E se nada fosse senão uma carta mal intencionada, querendo apenas causar danos em sua estrutura familiar? E se sua esposa fosse realmente a santa que transparecia? Novamente o mesmo dilema tomou corpo em seu pensamento, até que, exausto, resolveu entrar em casa para dormir.

Lúcio somente conseguiu conciliar o sono no meio da madrugada, por isso não percebeu quando Ana Maria saiu discretamente da cama logo que clareou o dia, tampouco ouviu seu pranto, logo em seguida. A fralda de Lucinho estava coberta de formigas. Quando chegou à varanda, lá já encontrou sua mãe, que também chorava. E agora, o que fariam? Abraçadas e sentadas no degrau que dava para o pátio, não conseguiram conter as lágrimas e, abraçadas, choraram longamente.

– Só podemos nos permitir este momento de fraqueza, minha filha... só este. Temos uma grande luta nos esperando.

– Por onde começamos, mamãe?

– Começamos contando ao seu marido a verdade. Ele há de entender que não tínhamos outra opção senão procurarmos o doutor

Bezerra. Depois levaremos Lucinho a qualquer médico que ele queira, para confirmar o diagnóstico. Por mais que nosso amigo seja um grande médico, quem sabe ele não possa estar errado? Quem sabe a doença do meu neto não é outra?

– Ele não afirmou nada, era apenas uma suspeita que poderia ser reforçada se aparecessem formigas nas fraldas... mas a senhora sabe que, além dos seus conhecimentos médicos, ele é muito intuitivo. Bem sabemos que os benfeitores da espiritualidade o acompanham... – falou Ana Maria, voltando a soluçar.

– Não se desespere, minha filha. Lembre-se, Deus não coloca em nossos ombros um peso maior do que podemos carregar. Nunca!

Januária trouxe Lucinho, já de roupa trocada para fora da casa e este estendeu os bracinhos para a mãe, que mais uma vez chorou, agora abraçada ao filho. Foi neste exato momento que Lúcio apareceu na varanda. Seu coração tocou-se com a imagem que viu e teve um momento de ternura, que fez brotar algumas lágrimas em seus olhos, porém, recompôs-se rapidamente, antes de perguntar:

– O que está acontecendo, afinal? Por que estão chorando? O que houve com Lucinho?

Ele não conseguia falar "meu filho" e Ana Maria já havia percebido isso há muito, assim como a sogra, que foi quem levantou e postou-se à frente do genro para falar:

– Seu filho está doente, Lúcio, e pode ser uma doença muito grave.

– Como vocês sabem disso?

Frau Lilsa ainda olhou para Ana Maria antes de continuar o assunto, mas percebeu que a estrutura emocional da filha estava em frangalhos, por isso apiedou-se e assumiu a responsabilidade de falar com Lúcio.

– Precisamos conversar, meu genro, mas não aqui. Por favor, me acompanhe.

Capítulo 35

Os dias passaram sem que Úrsula tivesse qualquer notícia de Lúcio. Imaginava que, depois daquela noite, ele a procuraria com mais frequência, por isso seu sumiço a desesperava. Não podia acreditar que fora apenas usada para uma noite de prazer. Esta não era a índole daquele homem, a quem amava.

Com algum cuidado procurou ter notícias através do pai, que estranhara a ausência repentina de Lúcio em Resende, mas este sabia apenas que Lúcio de Castro havia tirado uma licença para tratar o filho, que se encontrava doente. A notícia frustrou Úrsula, pois ela sabia que o filho poderia ser um grave empecilho em seus planos. Quase todos os dias visitava o escritório do pai, na expectativa de encontrar Lúcio, mas a licença deste se prolongava e o pai parecia não estar interessado em saber mais sobre o caso:

– Lúcio é um excelente funcionário. Tenho certeza de que, se pediu uma licença, é porque os motivos são justos. Só acho um pouco estranho este seu demasiado interesse...

– Ora, meu pai, ele é nosso amigo. Como já lhe contei, conheci sua esposa e filho há algum tempo... São boas pessoas...

Visitou algumas vezes dona Eulália, mas esta, que sempre estava bem informada sobre a vizinhança, não tinha novidades. Percebera apenas que era um assunto delicado, que a família pretendia manter em segredo. Como era uma pessoa de boa educação e bisbilhotar não era do seu perfil, deixou o assunto como estava.

Somente depois de quinze dias é que Úrsula conseguiu encontrar Lúcio. Por um informante, soube que o mesmo estava no seu escritório, na Companhia de Estrada de Ferro, e lá chegou em poucos minutos. Entrou na sala de Lúcio e trancou a porta, para espanto deste. A paixão a levava a atitudes temerárias e para nenhum dos dois isso seria bom. Caso o pai de Úrsula suspeitasse de alguma coisa, provavelmente seria demitido e, por mais que o casamento estivesse em crise, não queria ser ele o motivo da sua falência completa. Devido a isso, prometeu que a procuraria ainda naquela noite para conversarem, mas exigiu, até de maneira um pouco ríspida, que saísse imediatamente do seu escritório.

A conversa de Lúcio com a sogra não fora nada agradável. Antes de contar que tiveram que procurar o doutor Bezerra, Frau Lilsa o lembrou de seus compromissos assumidos perante o casamento, deixando bem claro que ele não estava sendo o marido ideal para a filha, nem um pai presente para Lucinho. Num primeiro momento, Lúcio teve vontade de despejar sobre a sogra toda a verdade e colocá-la no seu lugar, como possível alcoviteira de uma traição. Porém, devido à boa educação que tivera, conteve a todo custo sua intemperança e apenas ouviu, em silêncio. Com dificuldade ainda maior conseguiu se conter quando soube que procuraram o doutor Bezerra para atender Lucinho. Por que não recorreram aos médicos que já o vinham tratando? Por que a esposa escolhera logo o doutor Bezerra? Só podia haver mesmo uma ligação mais forte entre eles.

A possível doença do filho, neste contexto de passionalidade, não o impressionou. A ideia de que Lucinho não era seu filho borbulhou mais uma vez em sua mente. Nas últimas duas semanas, percorrera o consultório de vários médicos, porém, o interesse na saúde do filho era menor do que a vontade de provar que o doutor Bezerra estava enganado. Que triunfo seria provar seu erro de diagnóstico! Encontrou respaldo em alguns profissionais que não viam a atuação do médico dos pobres com bons olhos, tampouco sua confissão religiosa. Outros, por sua vez, embora confirmassem a possibilidade da doença, diziam que Lucinho era muito novo para que esse diagnóstico pudesse ser feito. Mesmo assim ressaltaram que esta doença era pouco estudada e não havia uma forma eficiente de tratamento.

Ana Maria cada vez mais acreditava que o doutor Bezerra fora ajudado por seus amigos espirituais quando suspeitou da doença, mesmo que não tivesse nenhuma dúvida quanto aos seus conhecimentos científicos. Porém, como falar sobre isso, tanto com os outros médicos, quanto com Lúcio?

Um dos médicos, o doutor Altino Fontes, antigo membro do partido liberal, porém da ala progressista e opositor político do doutor Bezerra, ao saber que este citara a diabetes como uma possibilidade, riu do diagnóstico, como se fosse uma piada. Exatamente este médico granjeou a simpatia de Lúcio. A maneira convicta que o doutor Altino negou a possibilidade, alegando que Lucinho era ainda muito novo para desenvolver a doença, cativou Lúcio, que resolveu seguir as orientações do médico, para desespero da mãe e da sogra. Prescreveu estricnina em dosagens muito baixas, como preventivo para novas convulsões, além de um elixir tônico e estimulante, a ser dado diariamente ao pequeno Lúcio.

Ana Maria e Frau Lilsa se viam obrigadas a enganar constantemente o marido, pois ficara evidente que os remédios prescritos apenas pioravam o estado de saúde da criança. Enquanto Lúcio não estava em casa, faziam com que diminuíssem progressivamente a quantidade dos remédios em seus frascos, e tentavam a todo custo fazer com que Lucinho ingerisse alimentos sem açucares, através da orientação clandestina do doutor Bezerra, que se baseava para tal nos estudos de Bouchardt. Seguindo uma nova dieta, Lucinho começou a apresentar melhoras, para regozijo de Lúcio, que acreditava ter derrotado seu inimigo no seu próprio campo.

A conversa com Úrsula foi desgastante. Encontrou-a no jardim da casa do senhor Araújo de Almeida, num recanto discreto, e foi bastante claro para com ela quanto aos seus sentimentos. Poderiam manter um caso, mas nada mais que isso e ele que a procuraria, nunca ao contrário. O seu casamento ia muito mal, porém, antes de conseguir esclarecer tudo que estava acontecendo, nenhuma atitude poderia tomar.

– Esclarecer? – perguntou Úrsula, mal contendo a indignação.– Acaso há como esclarecer se Lucinho é mesmo seu filho?

Nas longas conversas que tinham, Lúcio acabara por confidenciar a ela alguns de seus dilemas, que agora eram aproveitados pela amante. Porém, o argumento usado por ela agira em sentido contrário, deixando-o mais irritado. Puxou seu relógio do bolso do colete e viu que já era tarde para esconder-se no paiol do fundo do quintal, como vinha fazendo em quase todos os últimos dias. Úrsula, ao percebê-lo frio e distante, tentou mudar de atitude e puxou-o para si, beijando-o ardentemente. Num primeiro momento, Lúcio continuou frio, mas seu estado de carência íntima acabou por fazer com que cedesse e corresponde-se ao seu beijo.

– Venha – falou Úrsula –, minha mãe está reunida com as amigas e nem notará que iremos para o meu quarto e as escravas são confiáveis...

– Não temos mais escravas, Úrsula... ainda não se acostumou com isso?

– Que diferença isso faz para nós? Vamos... venha comigo...

Lúcio a seguiu como um autômato, profundamente desnorteado. Ao deitar ao lado de Ana Maria, naquela noite, mais uma vez sua consciência gritou por seus erros e o deixou ainda mais perdido. Porém, ao invés de procurar em si os motivos para a falência de um casamento tão sonhado, mais uma vez deixou que sua mente justificasse o fracasso do relacionamento na figura do seu rival desconhecido. Cada vez mais tinha a certeza de que este rival era o doutor Bezerra de Menezes, que até foi seu amigo, até conhecer Ana Maria. Quem mais poderia ser?

Assim se passou um mês na vida do casal Castro, com Lúcio encontrando com cada vez mais frequência e cada vez mais confiando seus segredos a Úrsula, e Ana Maria jogando na pia da cozinha as doses de elixir recomendado a Lucinho, e seguindo a dieta recomendada pelo doutor Bezerra, e com isso conseguindo manter a saúde do filho com alguma estabilidade. Muitas e muitas vezes Lúcio postou-se na sua tocaia, mas nunca flagrou nada. Ana Maria, diante do perigo dos encontros com Bezerra tendo Lúcio na cidade, encontrara em Juca, que podia frequentar sua casa, a ponte entre ambos. Juca se tornou o intermediário entre paciente e doutor, no tratamento da doença de Lucinho.

Capítulo 36

Caro senhor Lúcio de Castro

Não é necessário lhe dizer os motivos que me levam a não me identificar. Tão logo leia o conteúdo desta, entenderá minha reserva. Mesmo assim, lhe peço perdão por isso e também pelo que vou lhe contar em seguida, pois lhe confesso não estar seguro de que tomo a decisão mais acertada. Por muito tempo venho remoendo este assunto e só tomei a decisão de lhe escrever porque vejo que a situação não caminha para um desfecho honroso, se é que pode haver algum nível de honra num assunto como este. Prepare-se, pois o que tenho a lhe revelar é muito grave.

Nos dias que antecederam seu casamento, a família de sua noiva recebeu um visitante insólito que, destituído de qualquer conceito moral, procurou o senhor Amadeu Klaus para pedir a mão de Ana Maria em casamento. Essa pessoa, evidentemente, sabia que o casamento estava marcado para poucos dias. A visita em si, bem como os motivos da mesma, fora tão descabida, que o pai de sua noiva não resistiu ao choque emocional e acabou tendo um ataque do coração, vindo a falecer.

A sua noiva, bem como sua sogra, foram de uma ética irretocável, sem sombra de dúvidas. Tenho a certeza de que jamais consideraram o pedido deste visitante como uma possibilidade, porém, pelo menos ao meu ver, não considero que agiram certo lhe escondendo o real motivo da morte do senhor Amadeu Klaus, que Deus o tenha!

Creio que, se esse fato houvesse se consumado por completo naquela época, eu não estaria lhe escrevendo hoje, porém, um co-

ração amoral apaixonado não mede as consequências para atingir seus objetivos. O visitante do passado manteve-se próximo de sua família, esperando apenas algum momento de fragilidade do casal para cumprir seus intentos. Infelizmente, meu caro, sou obrigado a lhe dizer que ele conseguiu. Sua esposa, por mais virtuosa que imagino ser, está a pouco e pouco se deixando arrastar pela lábia desse infame, e isto eu não posso deixar acontecer, pelo muito que lhe prezo. Embora eu não acredite que sua esposa tenha cometido já qualquer falta grave, é bom que saiba que já corre à boca miúda entre seus conhecidos o estranho fato de, depois de tanto tempo, somente agora ela aparecer grávida. Mas é bom que lembre também como a língua de algumas pessoas pode ser afiada e malévola.

Não posso lhe dizer que presenciei cenas irrefutáveis de traição. Estaria sendo leviano se assim o fizesse, porém, soube de fonte segura de encontros furtivos, na calada da noite, sempre que está ausente de sua casa. Aparentemente disfarçam o motivo dos encontros com um suposto tratamento por magia para seu filho, posto que esse senhor se diz espiritista.

Não cabe a mim revelar a identidade desse biltre, que se faz passar por amigo e que vem conseguindo ludibriar até mesmo a opinião pública ao longo dos anos. Nego-me até a escrever seu nome neste papel, pois tenho a impressão de que minha casa ficaria contaminada se assim o fizesse. Imagino que, sabendo ou não de quem falo, deve estar tomado de tremenda indignação neste momento. Ciente disso, eu lhe peço, senhor Lúcio de Castro, que tome urgentemente uma providência, pois há a possibilidade de sua esposa, virtuosa que é, não ter cedido ainda. No entanto, apesar de sua reconhecida virtude, os encontros entre ambos se repetem nos fundos de sua casa com alguma frequência, sempre que está distante.

Espero que o amigo tenha coragem suficiente para saber tratar da situação com dignidade, levando o assunto para o campo da lei e resolvendo-o como um cidadão civilizado deve fazer. Assim espero, mas em nenhum momento lhe julgarei, e creio que ninguém o faça se souber os motivos. Eu, de minha parte, tenho a certeza de que não conseguiria resolver a situação de outra forma senão com um tiro bem acertado nesse infame. Mas isso seria uma animalidade, a que espero que o senhor não recorra.

Um amigo.

Fábio Augusto afastou-se de sua *typewriter* Remington[37] bruscamente e ficou a alguma distância olhando para aquela máquina, que ganhara de um amigo em Paris, mas que nunca usava devido a sua pouca praticidade. Havia escrito todo o texto a mão e passara muito tempo transpondo-o, letra por letra, para o papel que colocara na máquina. Enfim encontrara uma finalidade para aquela estranha máquina de escrever, que relutara muito em trazer da Europa: não havia como ser identificado escrevendo com ela, por mais trabalhoso que fosse.

Como se não quisesse olhar para sua obra, apanhou o *Jornal do Commercio* de sua escrivaninha e mais uma vez leu a coluna do tal Venâncio, sobre quem Ataíde de Freitas já havia pesquisado e descoberto a identidade. O texto era uma agressão direta ao doutor Bezerra de Menezes. Escondido atrás de uma causa religiosa, facilmente podia ser percebido um rancor pessoal profundo. Os artigos vinham se repetindo nas últimas semanas, mas o próprio Fábio se irritava por saber que as colunas de Max, defendendo e difundindo o espiritismo, eram mais populares. No entanto, o que lhe interessava no momento era saber que o ambiente idealístico estava minado por paixões pessoais, pelo menos de um lado. O campo estava totalmente preparado para que ele jogasse suas sementes de destruição naquelas duas pessoas que se interpunham à sua felicidade: Bezerra de Menezes e Lúcio de Castro.

A carta que acabara de escrever certamente teria uma ação fulminante. Dificilmente o assunto ficaria sem uma repercussão pública, no mínimo, ou então, como ele imaginava que poderia acontecer, o nome do digníssimo médico dos pobres finalmente seria jogado na lama, de onde jamais deveria ter saído. A possibilidade de Lúcio de Castro tomar uma atitude extrema era enorme, considerando seu ciúme doentio. Em todas as situações, o que mais lhe importava é

---

[37] No ano de 1874 é lançada a máquina de escrever de forma comercial com o nome *Typewriter*, ou também conhecida como Remington (http://www.maquinasantigas-deescrever.com.br/historia.html).

que Ana Maria se veria difamada e perdida. Não imaginava qualquer possibilidade de Lúcio tentar contra a vida da esposa, mas, se isso acaso acontecesse, ele estaria por perto para evitar. Lúcio não o conhecia e, curiosamente, ele tampouco jamais cruzara com o marido de Ana Maria. Então ele poderia surgir de repente e salvar Ana, se fosse preciso, e talvez até se tornasse um herói aos olhos da amada.

Removeu o papel da máquina e releu mais uma vez o que escrevera. Estava perfeito. Levantou e foi até a porta do escritório, abrindo-a de supetão e assustando o jovem Aristides, assistente de Ataíde, que dormia na poltrona da sala. Não falou nada, apenas entregou o envelope ao jovem e fechou a porta. Era tarde da noite e estava cansado, mesmo assim demorou muito a dormir. Vinha sonhando constantemente com sua mãe e, mesmo que não lembrasse do conteúdo desses sonhos, sentia que ela não coadunava com seus propósitos. Contudo, preferia relacionar a lembrança da mãe nos sonhos com as dificuldades que a fazenda Bela Vista passava com a partida de uma parte dos escravos após a abolição. Dentre todas as fazendas da região, por mais que ele não tenha seguido à risca a orientação da mãe para promover a paz, a deles era a que menos tinha perdido mão de obra. A lembrança e devoção à dona Hemengarda prendera à terra aquela legião de almas que ainda a reverenciava. Mesmo assim, era preciso urgentemente resolver a situação e, para isso, precisava ir para a fazenda, porém, os planos que executava o prendiam. Principalmente agora, não podia sair da cidade. A sorte estava lançada.

Capítulo 37

O mês de julho de 1888 ia a meio quando Lúcio de Castro precisou voltar para casa, logo após ter saído, por ter deixado em seu escritório uma pasta com documentos que precisava levar para o trabalho. Para não manobrar a carruagem, que acabara de sair de casa, apenas pediu para que o cocheiro parasse, saltando em seguida e voltando a passos rápidos. Como sabia que a porta da frente estaria fechada e não queria perder tempo esperando que a abrissem, contornou a casa e entrou pela porta dos fundos, que dava para a cozinha. Num primeiro momento, não estranhou a figura estática de Ana Maria, com um vidro do elixir de Lucinho emborcado na pia e derramando o seu conteúdo viscoso. Porém, assim que passou pela cozinha, voltou e examinou melhor a situação, encontrando a esposa atrapalhada com a situação. Aberto na pia havia outro vidro de medicamento ao qual apanhou e logo percebeu que o rótulo era da farmácia Cordeiro, onde o doutor Bezerra mandava aviar seus medicamentos.

– Posso saber o que significa isso? – perguntou, ainda confuso com a situação – Você está jogando fora o elixir novo que eu trouxe ontem? Por quê? O que tem nesse frasco da farmácia Cordeiro?

Neste momento, Frau Lilsa entrou na cozinha e logo entendeu o que estava acontecendo. Lúcio de Castro virou-se para ela e abriu os braços, com os dois frascos nas mãos, esperando dela alguma explicação, já que a esposa estava pálida e muda.

– Se estivéssemos dando a Lucinho esse medicamento, ele já estaria morto – falou Frau Lilsa. – O senhor não lembra como ele ficou nos primeiros dias? Piorou muito... somente recuperou-se um pouco quando começamos a administrar a ele este outro remédio, e mudar sua alimentação, que, creio, deve ter percebido.

Somente neste momento é que Lúcio se deu conta que há muito não se importava com o que Lucinho comia ou deixava de comer. A orientação do doutor Fontes era que a criança fosse bem alimentada, mas ele nunca se importara com isso. No entanto, isso não era motivo para o estarem enganando desta maneira.

– Quem prescreveu esse outro medicamento? – perguntou, visivelmente irritado.

– O doutor Bezerra de Menezes – falou Ana Maria, tentando encontrar coragem para enfrentar o marido. – Podemos garantir que tem funcionado.

– Este médico esteve em minha casa?

– Não – respondeu a esposa.

– Vocês o procuraram novamente então?

– Não, senhor meu marido. Não o procuramos, mas lembre que o doutor Bezerra sabia da situação de Lucinho e já o havia examinado. Foi nosso amigo Juca que trouxe este medicamento, a meu pedido. Embora não concorde, não posso colocar a vida do meu filho em risco...

– A vida do "seu" filho – interrompeu Lúcio com rispidez e reforçando a entonação do pronome. – Falou muito bem, senhora... do "seu" filho. Mas mesmo ele sendo o "seu" filho, quem manda dentro desta casa sou eu e o "seu" filho, enquanto estiver aqui dentro, está proibido de tomar qualquer remédio dado por esse médico que não consegue respeitar nem a honra de uma família. Hoje a senhora receberá o elixir prescrito pelo doutor Fontes e passará a fazer o tratamento correto.

Falou quase gritando, para espanto da sogra e esposa que nunca o viram tão transtornado. Por mais que desconfiassem dos motivos da inimizade entre ele e Bezerra de Menezes, jamais poderiam imaginar a extensão do drama íntimo que o orgulhoso Lúcio de Castro vinha sofrendo.

Lúcio foi até o escritório e apanhou sua pasta e, ao passar novamente pela cozinha, falou:

– O senhor Juca está proibido de frequentar esta casa.

Ponto. A maneira como falou não deixava margem para nenhuma contestação. Saiu logo em seguida com passos pesados e não demorou muito para que um mensageiro viesse trazer o elixir do doutor Fontes. Frau Lilsa, como sempre objetiva e tentando restaurar a calma da filha, apenas encheu uma colher e a derramou na pia.

– Tentaremos manter a situação como estava e Lucinho continuará bem. Duvido que ele vá administrar o remédio pessoalmente.

Frau Lilsa estava errada. A prescrição era de três doses ao dia e Lúcio fazia questão de dá-las todas quando estava em casa. A primeira pela manhã, a segunda na hora do almoço e a terceira à noite, quando voltava do trabalho. Também passou a cuidar do que o filho comia. O pequenino tomava o elixir com alegria, pois o mesmo era bastante doce, porém, sua saúde foi definhando rapidamente, para desespero da mãe e da avó. Mesmo Lúcio ficou em dúvida, mas era por demais orgulhoso para admitir que poderia estar errado. Somente quando Lúcio viajava e ficava alguns dias fora é que Lucinho melhorava.

Com a proibição da presença de Juca em sua casa, os encontros entre Ana Maria e Bezerra de Menezes voltaram a acontecer, embora com muito mais acautelamento. Dona Eulália era uma nova devota do espiritismo, principalmente depois da morte do marido, e venerava o trabalho árduo e humanitário do médico dos pobres, que, por mais exausto que pudesse estar, nunca deixava de atender ao pedido daquela mãe desesperada. Por isso ela facilitava o encontro dos dois e tentava, como podia, cuidar para que ninguém os visse.

A sorte ajudou Ana Maria nos primeiros encontros, que eram bastante esparsos. Aconteceram em dias em que Lúcio estava fora, porém, cada vez menos ele viajava a trabalho, embora voltasse agora quase toda noite mais tarde.

Lúcio, por sua vez, havia alugado um quarto no centro da cidade, em um local discreto, onde mantinha seus encontros com Úrsula de Alencar. Seu coração em frangalhos buscava nela o apoio, porém a moça cada vez mais se cansava das lamentações sem atitude. Num primeiro momento, ela imaginou que a situação tomaria um curso rápido a seu favor, mas os dias passavam e nada mais acontecia.

Sabia que Lúcio fazia sua tocaia ainda, na tentativa de concretizar suas suspeitas, mas nunca conseguira qualquer flagra que pudesse corroborar suas teorias.

Foi no começo do mês de agosto que Lúcio se mostrou diferente para Úrsula, mas não quis dizer a ela o motivo de sua excitação. Em casa informou à esposa que estava viajando para Resende, e que só retornaria em cinco dias. Mas Lúcio não apanhou o trem. Passou o dia trabalhando normalmente em seu escritório e retornou para o seu posto no paiol no final do dia. Sabia muito bem como chegar lá sem ser visto. Com os dias havia deslocado alguns tijolos que estavam em falso numa das paredes, de onde podia ver até a varanda dos fundos da casa de dona Eulália.

Foi com extrema frieza que Lúcio viu o doutor Bezerra descer os degraus da varanda de dona Eulália e seguir quase em sua direção. No mesmo momento, ouviu que a porta dos fundos de sua casa rangia nas dobradiças. Ainda viu quando o médico dos pobres, movido pela mais pura das intenções, apanhava o pequeno Lucinho no colo e o encostava ao peito, numa atitude de carinho. Sua mente doentia viu ali pai e filho e não teve mais dúvidas. Não conseguiu ver mais nada. Seu coração disparava e parecia bater em sua garganta, tentando saltar do peito. Sentou no chão de pedra do paiol e deixou que o desespero o extasiasse por um longo tempo. Então estava tudo confirmado, finalmente. Suas suspeitas e as denúncias anônimas estavam certas. Sua vida, por fim, estava destruída.

Capítulo 38

O dia 18 de agosto de 1888 amanheceu com Lúcio sentado na pedra fria do paiol dos fundos da sua casa. No meio da madrugada adormecera, mas não conseguia distinguir o estado de vigília e de sono. Sua mente vagava num meio termo de compreensão da realidade e a imaginação projetava telas reais em sua mente, onde uma sequência de situações se apresentavam num drama ininterrupto, como uma ópera sendo apresentada no palco de sua vida. Nela ele era a vítima de um destino cruel, sobrepujado por um inimigo invencível.

João Amaro, o cocheiro da casa, pensando em arrumar o paiol abandonado para seus encontros com Januária, abriu a porta pela manhã e assustou-se com a presença inesperada do patrão. De imediato Lúcio pareceu despertar do seu transe e colocou-se em pé, falando:

– Em hipótese alguma alguém pode saber que me encontrou aqui, João Amaro. Pelo bem da minha família e do seu emprego, mantenha o assunto em segredo. Há alguém já desperto em casa?

– Januária e Belmira já estão na cozinha...

– Então as mantenha entretidas por alguns minutos até que eu saia, e me encontre logo em seguida na próxima esquina com a carruagem.

– E o que direi sobre sair tão cedo?

– Que esqueceu de levar até a Companhia alguns documentos que eu havia pedido. Agora vá.

João Amaro entendeu logo que era um argumento válido, pois fazia isso com frequência. A mente de Lúcio, apesar da noite que passara, estava atiçada a um nível incomum. Tão logo entrou na carruagem, pediu para o cocheiro levá-lo para o centro da cidade e, no caminho, releu a carta que havia recebido dois dias antes e que o levara à fatal constatação dos fatos. Já tinha em mente o que fazer.

Enquanto Ana Maria acordava depois de uma boa noite de sono, propiciada pelo sossego de Lucinho após a oração nos braços do doutor Bezerra, o que há muitos dias não acontecia, numa das casas vizinhas, que ficava nos fundos da sua, Fábio Augusto Severiano se debatia num sono pesado. Suava na cama e não conseguia nem acordar, nem dormir em definitivo. Desde que Aristides levara sua carta, há dois dias, não conseguira dormir nem um só minuto e agora o cansaço físico forçava seu corpo ao sono, mas sua mente não lhe dava sossego. Num primeiro momento pensou estar entusiasmado com as possibilidades futuras que sua atitude poderia propiciar: a vingança final contra doutor Bezerra de Menezes, que há tanto tempo lhe roubava a tranquilidade, e a vitória no amor, tendo Ana Maria desprezada pelo marido e abandonada, à mercê de sua comiseração. Que mulher poderia resistir a uma situação como essa? Mas logo Fábio Augusto entendeu que o entusiasmo era falso e sua excitação vinha sim da consciência em desalinho. Por mais que a passionalidade tentasse reger seus atos, a racionalidade de um admirador de Comte não poderia ser sobrepujada. Ele poderia estar destruindo algumas vidas numa atitude covarde.

Com o dia já claro, finalmente ele respirou profundamente e sentiu que cederia ao sono, mas logo acordou novamente e sentou na cama, aturdido. O que estava acontecendo? Fábio, pelo arraigamento em ideias materialistas, não tinha a mente preparada para a realidade espiritual que o cercava. Foi por isso que demorou muito a perceber que havia mais uma pessoa no quarto. Somente com o concurso de abnegados benfeitores espirituais foi que ele percebeu, sentada numa cadeira aos pés da cama, dona Hemengarda, sua mãe.

– Mãe? O que está acontecendo? Estou sonhando? Como posso vê-la assim, se já está morta?

– Meu filho – falou dona Hemengarda, colocando na voz uma alta dose de afeto –, não temos tempo para maiores explicações e só posso lamentar que viva assim, tão distante da realidade. O que me traz aqui é uma atitude desesperada de mãe, vendo seu filho caminhar para o abismo com os olhos vendados...

– O que quer dizer? Por favor... o que está havendo?

– Meu querido, estou profundamente decepcionada com suas atitudes. A carta que escreveu pode gerar uma grande desgraça, que não apenas prejudicará almas a quem deveria propor o reajuste, mas também, e principalmente, a você mesmo. Oh! Será que não enxerga? Será que não vê que está plantando sementes de dor?

Ainda auxiliada pelas energias elevadas dos companheiros do bem que a secundavam, as palavras de dona Hemengarda atingiam fundo a consciência de Fábio, que já vinha em desalinho há muito tempo. Angustiado, começou a chorar.

– Suas lágrimas de nada adiantarão se não tomar uma atitude. Vamos meu filho, ainda é tempo de mudar o seu destino de dor. Vamos, não perca tempo.

Fábio acordou e olhou ao redor, principalmente para a cadeira onde sua mãe estava há instantes. Sonho? Seria aquilo realmente um sonho? Ou seria sua consciência buscando um caminho para corrigir seu erro? Não importava. Reconhecia agora sua vilania. Que amor era aquele que procurava levar a desgraça à pessoa amada? Não, ele não poderia ser tão vil. Em minutos estava vestido e saiu para a rua, ainda sem saber ao certo que atitude tomar.

Enquanto Fábio Augusto saía de casa, perto das oito horas da manhã, o doutor Bezerra de Menezes já tinha atendido vários pacientes, na sua jornada que começara ainda mais cedo naquele dia, devido a mais um chamado de um pai desesperado por um filho e uma mãe doentes, sem jamais suspeitar que sua vida missionária e dedicada ao bem poderia estar gerando tamanha dor a um coração empedernido, que nunca admitira abrir-se e compartilhar suas dúvidas com a esposa, que tão facilmente o tiraria do sofrimento.

Úrsula, por sua vez, acordava ainda indignada com a viagem súbita de Lúcio. Havia mandado a ele uma carta com uma revelação que fatalmente mudaria suas vidas, mas ele não respondera. Seria possível que não tivesse lido? A informação era por demais importante para que se mantivesse em silêncio e, principalmente, viajasse sem lhe dar satisfação.

Ana Maria, no meio da manhã, ainda envolta nas vibrações benéficas da noite de sono, procurou a mãe para um assunto importante:

– Mamãe, não suporto mais viver assim, envolta em suspeitas e mentiras para que meu filho viva. Nunca consegui fazer com que Lúcio se abrisse comigo diante das suas suspeitas, que agora ficaram explícitas.

– E o que deseja fazer, minha filha? Como posso lhe ajudar com isso?

– A senhora já tem me ajudado muito. Neste momento quero apenas que faça uma oração comigo, assim como fazem o Juca e o doutor Bezerra, pedindo a proteção dos amigos espirituais. Estou decidida a escrever uma carta a Lúcio e espero que estes amigos possam me ajudar com as palavras certas. Tenho sentido a presença dos bons espíritos e, como já me disseram, sou médium, o que ficou claro no episódio obsessivo de que fui vítima.

– Uma carta?

– Sim, uma carta. Por mais que moremos na mesma casa, sinto como se fosse em países diferentes, por isso acredito que uma carta pode ser um primeiro passo ao entendimento, já que conversando nunca consegui nada.

Dali as duas foram para o escritório de Lúcio e, depois de uma oração sentida, percebendo a presença de mais pessoas junto a ela, apanhou a caneta do tinteiro e começou a escrever, fortemente inspirada.

No início da tarde, Lúcio de Castro se infiltrou mais uma vez pelo terreno vizinho da sua casa e foi até o esconderijo, carregando ao seu lado um volume, escondendo-o como podia dentro da casaca longa. Enquanto isso, Fábio Augusto apanhava em seu consultório, abandonado desde o tratamento frustrado de Ana Maria, a barba falsa que usara e a casaca envelhecida, com as quais tentava se disfarçar diante da visão embaçada de sua paciente. Decidira que precisava falar pessoalmente com Ana Maria em primeiro lugar e revelar toda sua sordidez, para que ela estivesse ciente das informações falsas que chegaram às mãos do seu marido. Ela precisava se proteger e ter argumentos contra qualquer atitude de Lúcio. Estava mesmo disposto a enfrentar Lúcio de Castro e revelar tudo, desde sua visita à família Klaus no passado até a certeza que tinha de que Ana Maria jamais o trairia com quem quer que fosse, muito menos com o doutor Bezerra de Menezes. Como faria para conseguir se aproximar dela? Já tinha um plano em mente.

Ana Maria, no meio da tarde e sem imaginar que Lúcio poderia estar tão perto e em tamanho desalinho íntimo, chamou João Amaro e pediu que levasse ao escritório de Lúcio na Companhia a carta que acabara de escrever. Sabia que seu marido, antes de voltar para casa, passaria pelo escritório e esperava encontrar com ele já com a carta lida, para que pudessem ter uma conversa esclarecedora, talvez pela primeira vez na vida.

João Amaro ficou indeciso. Sabia onde Lúcio se encontrava naquele momento, pois assegurara a passagem dele pelo terreno ao lado da casa até o paiol, sem que ninguém o visse. Entendia que alguma coisa grave estava acontecendo, mas não sabia como agir. Obviamente sabia de muita coisa que acontecia na família, inclusive dos encontros entre a patroa e o doutor Bezerra, mas sabia muito bem que nada de reprovável advinha desses encontros. O volume mal escondido na casaca de Lúcio o deixara por demais preocupado e, antes mesmo de Ana Maria o procurar com a carta, já pensava em chamar Frau Lilsa e revelar o que estava acontecendo. A carta, porém, poderia resolver a situação sem que precisasse se expor e colocar em risco seu emprego, por isso e com muita discrição, foi até o paiol e chamou por Lúcio.

– O que faz aqui? – perguntou Lúcio, abrindo uma fresta na porta.

– A patroa pediu para que eu deixasse isso na sua mesa, na Companhia... Achei que seria melhor entregar agora.

Lúcio apanhou a carta que o cocheiro lhe estendia e ordenou para que saísse. De volta ao seu posto, ficou por um longo tempo olhando para a caligrafia bem desenhada da esposa na frente do envelope:

Para Lúcio de Castro
De sua esposa, Ana Maria

O que ela estaria querendo com aquela carta. Carta? Quantas cartas havia recebido nos últimos dias? Ao lembrar disso, tirou do bolso interno da casaca a carta de Úrsula:

Para Lúcio de Castro – urgente

Sabia que era dela porque fora informado pelo mensageiro que entregou a carta. Porém, recebeu a mesma minutos depois de ter lido a outra carta, a anônima, que tanto desespero rapidamente instalara em seu coração. Por isso não abriu a de Úrsula. Que assunto poderia conter que pudesse fazer alguma diferença em sua vida? Tampouco leu agora a carta da esposa. Guardou-as no mesmo bolso. A tarde corria para o seu fim e ele tinha outros propósitos em mente.

No meio da tarde, Fábio Augusto mandara Aristides encontrar uma forma de trazer Magé até sua casa, vizinha dos Castro. Colocou nas mãos do rapaz um maço de notas e disse que poderia usá-las todas para convencer a esposa de Juca. Aristides não precisou nem da metade. Sentindo no ar o cheiro de intriga, o velho sangue corrompido por mexericos de Magé agitou-se nas veias e ela iria mesmo que não recebesse para isso. De há muito vinha tentando seguir à risca a cartilha de ética traçada por Juca, mas estava cansada e precisava de alguma novidade em sua vida.

Depois de Aristides, com um bom saldo no bolso, trazer Magé, Fábio ordenou que o mesmo se postasse próximo ao consultório do doutor Bezerra de Menezes e, se porventura ele de lá saísse na direção da casa de dona Eulália, que arrumasse uma desculpa qualquer para que isso não acontecesse. Como discípulo da velha raposa, Ataíde de Freitas, isso não deveria ser difícil para ele.

– O senhor jura que não vai fazer nada de mal pra moça? – perguntou Magé a Fábio, tão logo ele expôs o que queria dela.

– Pela primeira vez na vida estou tomando uma atitude correta e preciso da sua ajuda. Juro que estou fazendo isso para salvar o casamento da sua amiga.

Quando o dia escurecia, Magé falou a Ana Maria que era preciso ela ir encontrar o doutor Bezerra no mesmo lugar de sempre. O assunto era urgente e ele já a estava aguardando. Depois de dar o recado, a Magé enredou-se em conversa com Januária e Belmira, disposta a ficar mais um tempo para ver se descobria o que estava acontecendo.

Ana Maria preocupou-se de imediato, assim como Frau Lilsa, que correu a buscar um xale para a filha, que logo desceu para o fundo da casa, não querendo deixar o amigo esperando. Tão logo

Fábio Augusto a viu se aproximando, vestindo sua casaca surrada e a longa barba postiça, que de certa forma o deixava parecido com o velho desafeto, o doutor Bezerra, pulou o muro da casa e foi em sua direção. Sabia que Ana tinha alguma dificuldade para enxergar desde que ficara temporariamente sem a visão, principalmente com pouca luminosidade.

Ana Maria o viu se aproximando, mas não suspeitou de nada, a princípio. Porém, logo nas primeiras palavras de Fábio Augusto, ela estremeceu e o reconheceu. Ele estava agora à sua frente, tendo apenas o baixo muro de pedra os separando.

– Por favor, Ana Maria, não fuja. O que me traz aqui é um assunto de extrema gravidade, devido a um grande erro que cometi.

Ana Maria estava aturdida, sem nada entender. Porém, muito mais aturdida ficou quando ouviu uma explosão e, quase no mesmo instante, viu Fábio Augusto ser jogado para trás.

Um silêncio profundo tomou conta do ambiente por alguns instantes. Logo em seguida ela ouviu vozes e passos de pessoas que corriam em sua direção, mas continuou não entendendo bem o que acontecia. Foi o grito da Magé que pareceu despertá-la para a realidade. Sua mãe chegou logo em seguida, com Januária e João Amaro, e a abraçou. Do outro lado do muro, com uma roda de sangue ao redor da cabeça, jazia morto o doutor Fábio Augusto Severiano.

Capítulo 39

Meu querido marido

Em primeiro lugar gostaria de lhe dizer o quanto ainda o amo. Sei que já faz muito tempo que não digo isso, mas sempre é tempo. Escrevendo agora, lembro das nossas cartas enquanto éramos noivos e não havia as dúvidas rondando nosso amor, como acontece nos dias de hoje. Porém, quero dizer que estas dúvidas são apenas suas, de minha parte só há certezas, mas não o julgo por tê-las. Mesmo assim, creio que é necessário que venhamos a conversar sobre elas, já que eu não tenho ideia do que realmente o perturba quanto a mim. Tenho tentado ser a melhor esposa possível, mas, se não estou conseguindo, gostaria que me dissesse onde estou falhando.

É para que o nosso casamento possa se reestruturar num clima de confiança que estou lhe escrevendo, e, nesta carta, pretendo lhe revelar fatos que talvez nunca poderia ter ocultado, mas, se o fiz, foi apenas na tentativa de preservar nosso amor.

Em primeiro lugar gostaria de relembrar um fato do passado, da época da morte do meu querido pai. Amadeu Klaus faleceu por um ataque sofrido logo após uma visita inesperada em nossa casa, de um homem que veio pedir minha mão em casamento, mesmo sabendo que eu estava noiva e com o casamento marcado para muito próximo. Este senhor se chamava Fábio Augusto Severiano e talvez o conheça, já que tem alguma fama na corte. Era médico, pois creio que não mais exerça a medicina, e me conheceu pouco antes da morte do meu pai, quando foi à nossa casa em busca de socorro por ter sofrido um acidente com sua carruagem. Deve lembrar do ocorrido, pois foi nesta situação que conhecemos nosso querido Juca. Juro-lhe que nunca dei a ele nenhuma esperança, pois nem chegamos a falar sobre isso, nas poucas palavras que trocamos. Até hoje não entendo sua atitude e, na verdade, nunca me interessei em entender. Como o pedido dele não poderia jamais ter algum efeito em minha decisão, e também por temermos que o senhor pudesse tomar alguma atitude extrema contra um membro conhecido da corte, eu e minha mãe resolvemos que de nada valia lhe contar o que aconteceu, em prol do nosso casamento tão próximo. Mesmo assim, lhe peço perdão por ter ocultado o acontecido.

Outro fato que mantive oculto do seu conhecimento tem a ver com aquele que um dia foi seu grande amigo, e que, tenho a certeza, até hoje se recente de seu rompimento com ele, o doutor Bezerra de Menezes. Meu querido marido, temo que tenha alguma suspeita quanto ao meu relacionamento com ele, e a única coisa que posso fazer é jurar pela alma do meu bom e querido pai, que, se realmente tem essa suspeita, está terrivelmente errado. No longo dos anos, mesmo com sua crescente aversão a ele, preciso lhe confessar que desenvolvi por esse médico um amor profundo, mas com a devoção que se deve a um santo, que realmente creio que ele é. Amo-o como a um pai, já que o meu pai verdadeiro me deixou tão cedo. Amo-o a ponto de confiar a ele minha saúde e a do meu filho. E vem desta confiança outro fato que mantive escondido e pretendo agora revelar.

O doutor F, que diz ter me tratado, ninguém era senão o mesmo Fábio Augusto Severiano, que conseguiu se infiltrar, não sei como, na nossa intimidade, e fez-se passar por um médico vindo da Europa. Como um dia realmente fora médico e também, como na época realmente chegara de pouco da Europa, conseguiu seu intento com mais facilidade. Por isso fez de tudo para não revelar sua verdadeira identidade. Sua intenção era aproximar-se novamente de mim e sondar-me quanto à possibilidade de um dia poder amá-lo, o que sempre foi e sempre será um grande absurdo, só cabível na mente de uma pessoa doente. Porém, não foi seu tratamento que me curou e tão logo eu descobri quem ele era, não mais voltei ao seu consultório. Naquele primeiro dia em que fui por ele atendida, o doutor Bezerra, no seu grupo mediúnico, atendia ao espírito do primeiro *marido de minha mãe, de quem conhece a história. O doutor Bezerra o convenceu a me deixar em paz, pois apenas buscava uma vingança insólita contra minha mãe e encontrou na filha a melhor maneira para feri-la. Bem sei que não acredita no espiritismo e não tenho nenhuma pretensão que venha a acreditar com isso que lhe revelei. Porém, de minha parte, tenho a certeza de que foi esse atendimento que propiciou minha cura, pois na mesma hora que o espírito foi atendido, eu retomei a consci*ência, sendo que o tal doutor F *nada fez para isso.*

Na consulta seguinte, depois do meu despertar, mesmo sem enxergar, eu descobri sua identidade, pois a voz da pessoa que causou a morte de meu pai jamais poderia desaparecer da minha memória. Ao invés de lá retornar na terceira semana, como você pensou que estava acontecendo, eu e minha mãe fomos até o grupo mediúnico do doutor Bezerra, e lá, rodeado que estava por espíritos maravilhosos, recebi a bênção de recuperar minha visão. Porém, o que de mais importante aconteceu naquele dia, foi a certeza que passei a ter de que logo ficaria grávida. Enquanto eu orava com fervor, senti que mãos abençoadas pousavam em meu ventre e ali depositavam uma luz que curava qualquer desarranjo que não me permitia ter filhos. Ouvi claramente quando me disseram: prepare-se, você vai ser mãe em breve.

Pode imaginar a alegria que senti? Não fosse sua aversão ao espiritismo, bem como ao querido doutor Bezerra, que por isso passei a respeitar e amar ainda mais, juro que teria contado, e com grande felicidade, tudo o que acontecera naquela tarde. Finalmente eu lhe daria um filho, o nosso maior sonho.

Como lhe disse antes, admiro o doutor Bezerra de Menezes como a um pai, e o venero como a um santo, por tudo que fez por nós, no começo de nossa vida de casados, bem como por tudo que faz pelas pessoas que sofrem. Não acredito que possa se manter indiferente à vida de privações que ele passa, para que possa manter-se fiel ao seu apostolado de caridade. Agora me diga: como posso pensar nesse homem de outra maneira senão como um santo?

Foi por isso que a ele recorri e ainda recorro, mesmo sem o seu consentimento, para salvar a vida no "nosso" filho. Se há alguma dúvida em sua mente quanto à paternidade de Lucinho, por favor, entenda que isso é um grande absurdo. Ele é seu filho, meu filho, nosso filho, por quem tanto sonhamos. Preciso urgentemente que permita seguirmos o tratamento adequado para que ele possa viver.

Por favor, meu marido, pelo amor imenso que ainda tenho em meu coração, vamos conversar abertamente sobre tudo isso, enquanto temos tempo para recuperarmos nosso casamento e nossa felicidade.

Da sua esposa, Ana Maria.

As lágrimas corriam pela face de Lúcio de Castro quando terminou de ler a carta. A sinceridade da esposa estava explícita em cada palavra ali escrita. Uma dor profunda cortava em seu peito, fazendo com que respirasse com dificuldade. Então ele poderia estar errado por todo esse tempo? Fábio Augusto Severiano? Já ouvira muito falar deste doudivanas, famoso por seus casos amorosos. Como poderia supor que esse infame tentara lhe roubar a noiva e que ainda hoje a perseguia? Uma forma inusitada de desespero começava a tomar corpo em sua mente, desarranjando tudo que estava tão bem arquitetado desde que flagrara o encontro entre o doutor Bezerra e Ana Maria.

Com uma lucidez espantosa e sabendo das consequências do seu plano, já havia marcado para a manhã seguinte do crime um primeiro encontro com seu advogado de confiança, a quem revelaria a verdade e contrataria pela soma que pedisse para defendê-lo. Ao mesmo tempo, usou das passagens que comprou para Resende para mandar em seu lugar um emissário de confiança, além de bem remunerado. O trabalho deste emissário seria postar no correio de Resende, todas as tardes, uma carta escrita por ele para a esposa. Isto lhe daria o álibi perfeito, provando que não se encontrava na cidade, no dia em que viesse a acontecer o infortúnio. Tudo estava arranjado, até a leitura daquela carta. Por que Ana Maria nunca lhe contara a verdade? Ah! Quanta coisa poderia ter mudado! Poderia ser mesmo verdade que nada de mais havia entre ela e o médico? Seu antigo amigo seria mesmo inocente?

Em desespero crescente e esperando pela chegada do advogado, apanhou do bolso da casaca a carta de Úrsula. Durante a noite que passara no quarto que alugara para os encontros com ela, várias vezes pensou em abri-la, mas sua mente estava por demais focada no que havia feito e no que ainda precisaria fazer. Não tinha em mente separar-se da esposa, porém, ela permaneceria em sua casa como uma escrava da verdade, brutalmente revelada por ele. Desta forma, por que ler a carta de Úrsula, que apenas deveria estar mais uma vez implorando sua presença?

Ainda assim abriu a carta, que era curta e assustadora.

Querido Lúcio

O assunto é urgente e poderá mudar as nossas vidas. Estou grávida. Minhas regras não acontecem já há três meses e tenho tido todos os sintomas da gravidez. Acredito mesmo que geramos um filho desde o nosso primeiro encontro. Desta vez você poderá ter a certeza de que o filho será realmente seu, pois sabe muito bem que foi meu primeiro homem e que, pelo tanto que o amo, jamais poderia ter outro.

Precisamos conversar o mais brevemente possível para definirmos nosso destino e do nosso filho, pois já tenho a certeza de que é um menino. Há de entender que não posso assumir a situação de ser uma mãe solteira.

Sua amada, Úrsula

A breve carta tremia nas mãos de Lúcio. Praticamente não ouviu quando seu secretário abriu a porta e anunciou a chegada do advogado. Um nó apertava em seu peito. Úrsula estava grávida. Então ele podia gerar filhos. Então o problema era mesmo com Ana Maria. Então realmente Ana Maria estava certa, Lucinho era seu filho.

A notícia da gravidez da amante pouco lhe importou, mas o desespero apoderou-se por completo de sua razão. Santo Deus! O que ele havia feito? Que crime cruel havia cometido!

O advogado e o secretário se assustaram ao ouvir o grito que veio da sala de Lúcio de Castro, mas se assustaram ainda mais ao vê-lo sair correndo como um louco para fora da companhia. Seu escritório ficava próximo da Estação Dom Pedro II, de frente para a praça da Aclamação, e de lá ele tomou a rua num estado de excitação derivando para a loucura. A realidade do crime que cometera desabara bruscamente sobre sua consciência. Em desespero, correu pela praça procurando pelo menos um tílburi para levá-lo o mais rapidamente para casa. Naquele momento não havia nenhum por perto, mas logo avistou uma caleça de onde desembarcavam duas pessoas, do outro lado da rua. Correu para ela, temendo que logo partisse e a perdesse, porém, o desespero que o tomava acabou por fazê-lo desatento. Não viu que uma grande carruagem vinha em velocidade considerável pela rua e meteu-se entre os cavalos que, assustados, não conseguiram desviar ou parar, já que o condutor mal viu o que estava acontecendo. Os arreios da carruagem e a força dos cavalos o jogaram ao solo, onde foi primeiro pisoteado, para, logo em seguida, as rodas passarem por cima do seu corpo. Lúcio de Castro ficou paralisado no meio da rua. Em seu rosto, virado para cima, a imagem ainda era de desespero, mas quando os transeuntes, assustados, chegaram até ele, já o encontraram sem vida.

Posfácio

– Desde que ouvi o nome Venâncio, desconfiei da verdade – falou Fábio Augusto para a mãe. – Confesso que, desde quando adquiri a consciência de que estava morto, sempre contestei intimamente sua atuação junto a mim no dia em que aquele tiro me tirou a vida do corpo.

– Eu sei, meu filho, como eu poderia não saber? Sempre considerou que minha interferência precipitou sua morte, e isso não deixa de ser verdade. Mas você tem que pensar que, diante da vida de enganos que levava, era bem mais preferível morrer do que provocar a morte. Se eu e meus amigos não fizéssemos nada, naquele dia ou nalgum outro próximo, o doutor Bezerra de Menezes correria sério risco de ser morto e, se o fato se consumasse, o verdadeiro autor do crime seria você. Quanto tempo levaria para apagar da consciência esse crime?

– Quanto tempo levarei para apagar todos os outros?

– Temos a eternidade pela frente – falou dona Hemengarda, com um doce sorriso nos lábios e acariciando com os dedos o rosto do filho.

– Será que agora eu já posso saber o que aconteceu com Ana Maria?

– Ela e sua mãe tiveram uma vida difícil. O filhinho morreu ainda muito jovem, pois essa doença ainda demorará para ter um tratamento que garanta longa vida a quem a tem, embora a ciência esteja se desenvolvendo cada vez mais rapidamente.

– E como ela está agora?

– Creio que logo você saberá. Agora se prepare, temos um longo dia de trabalho pela frente e sua missão junto a Venâncio, ou Lúcio, ainda não está completa.

– Terei que voltar lá? Não vi nele nenhuma possibilidade de mudança!

– Se não houvesse nenhuma esperança para ele, não haveria para nenhum de nós. Somos todos irmãos e Deus não nos abandona nunca. Por isso vamos, precisa voltar lá, mas hoje não voltará sozinho.

– Faz quanto tempo que tudo isso aconteceu... digo, há quanto tempo eu morri?

Dona Hemengarda sorriu, satisfeita com a pergunta do filho. Antes da visita a Venâncio, ele só pensava em sua dor e em Ana Maria. Agora sua mente começava a dar mostras de caminhar para a compreensão e a liberdade.

– Quer mesmo saber? Pode se assustar...

– Tanto tempo assim?

– Estamos no ano de 1925.

– O quê?

– Meu filho, por mais que eu o amasse incondicionalmente, meu amor de mãe não podia suplantar o destino que você mesmo preparou. Por quantos anos condicionou sua mente de que nada havia depois da morte? A realidade espiritual era uma ilusão para loucos e lunáticos, não é mesmo? Assim você retornou ao mundo espiritual tão arraigado a conceitos materiais, que sua consciência, condicionada a uma verdade que não existia e também tentando fugir da culpa, manteve-o em estado semelhante ao sono por muitos anos. Mesmo que eu orasse por você todos os dias, seu processo de despertar foi muito delicado e só aceitou a ideia da vida após a morte por ter que conviver comigo... que estava 'morta' – falou a mãe, novamente sorrindo, como quem ensina uma criança.

– Mas isso quer dizer que...

– ... que Ana Maria também já voltou, assim como Frau Lilsa, antes dela. Quer dizer que seu pai, que até hoje você não se interessou em saber por onde andava, está reencarnado entre os netos das suas irmãs. Voltou para o seio da família onde deixou tantas contas pendentes. Isso quer dizer também que Sofia, a quem chamava de Afrodite, há muito tempo deixou o corpo físico e você terá a oportunidade de ajudar a socorrê-la, se quiser, dos abismos por onde ainda perambula. Também poderá ajudar a socorrer o senhor Ataíde de Freitas, que também se encontra em situação deplorável, após o retorno ao plano espiritual, e que contraiu tantas dívidas cármicas junto a você.

– Mamãe... então... Ana Maria...

– Tenha paciência, Fábio Augusto... Creio que logo você a verá. Mas lembre que nada fez para amenizar as contas que tem com ela de outras vidas. Você e Ana Maria, Lúcio e Úrsula, que ainda está na matéria, vêm acumulando paixões desenfreadas através dos séculos. A vida passada era uma boa oportunidade para todos se corrigirem, mas somente Ana conseguiu avanços verdadeiros. Tiveram a bênção de conviver com o grande espírito do doutor Bezerra, com quem também vem travando batalhas inglórias, mas não motivadas por ele, e sim pelo seu desenfreado ciúme de tudo que ele representa...

– Assim você está me destruindo.

– Estou falando a verdade, que é do que mais você precisa. Meu filho, já é hora de parar com ilusões criadas pelo egoísmo. Você sempre quis ser como ele, e isso já vem de outras vidas. Mas, para ser como ele, é preciso primeiro se desapegar de todo sentimento individualista, até chegar ao ponto de amar ao próximo mais do que a si mesmo. É uma longa caminhada...

– Tem razão. Por mais que eu quisesse suplantá-lo, minha vontade era ser como ele. Agora entendo.

– Isso por que você já começou o processo de recuperação. Desde a última vida, sua consciência, a grande reguladora do nosso progresso, já lhe sinaliza o caminho do bem e da ética. Evoluir é aprender a transformar egoísmo em doação, porque o caminho para Deus exige que nos dividamos ao infinito. O egoísmo, meu filho, é a base da maioria das doenças do corpo e da alma. Mas chega de conversa, há uma equipe esperando por nós, para irmos até a casa de Venâncio.

– Mesmo tendo-o visitado, fiquei em dúvida se ele sabe que já morreu.

– Ninguém morre, meu filho, procure mudar a forma de expressão – falou dona Hemengarda, já caminhando junto com filho pelo corredor da instituição socorrista onde moravam. – Ele sabe, porque é muito inteligente. Principalmente sabe que cometeu um grave erro, que o levou a perder sua amada esposa. No princípio tentou procurá-la, mas logo compreendeu que havia um abismo entre ambos, por isso escondeu-se naquela casa, para onde foi levado por benfeitores, que esperam o momento adequado para ajudá-lo. Fica lá como uma espécie de purgação. Na verdade, devido às suas convicções católicas, acredita estar mesmo no purgatório, de onde talvez nunca saia. Até o nome Venâncio faz parte dessa purgação, para que lembre constantemente das injúrias que espalhou contra Bezerra de Menezes, a quem ainda julga ter matado.

O dia amanhecia quando Fábio Augusto abriu uma vez mais a porta da casa de Venâncio. Sabia agora que um grupo de benfeitores o acompanhava, como já acontecera na primeira visita, na noite de chuva, mas que não os poderia ver longe do alcance energético da mãe, que tudo fazia para recuperar aquelas duas almas.

– Com licença – falou, logo que abriu uma fresta na porta pesada.

– Voltou o bom samaritano – falou a voz cavernosa de Venâncio, depois de um tempo, como era seu costume.

Fábio Augusto insistira com sua mãe em saber qual a melhor atitude a tomar, mas ela simplesmente lhe dissera para seguir as ordens do coração. Ordens do coração? Como ele poderia seguir as ordens de quem ele mais temia?

– Voltei por que tenho um assunto grave a conversar... Na verdade, tenho uma revelação a lhe fazer, caro Lúcio de Castro.

Ao ouvir aquele nome, novamente Venâncio pulou do seu lugar, mas conteve-se antes de tentar agredir Fábio Augusto. Ficou parado à sua frente, com a respiração ofegante, por um longo tempo, até que pareceu acalmar-se. Só então Fábio voltou a falar:

– Assim como eu, você sabe que não vivemos mais em corpos materiais. Que já deixamos a matéria. Sabe que vivemos no mundo dos espíritos.

Ao ouvir estas palavras, Venâncio virou-se de costas para Fábio, como se elas o ferissem. Mesmo sabendo que isso era uma verdade, não gostava de falar ou pensar sobre o assunto. Bastava esta leve lembrança para seu corpo ficar todo dolorido, como se as patas dos cavalos e as rodas da carruagem tivessem acabado de passar por ele.

– Que revelação tem a me fazer? – perguntou, tentando acalmar-se.

Fábio não sabia ao certo o que deveria fazer, mas sentiu nitidamente a energia de sua mãe o envolvendo, por isso deixou-se levar pela intuição e ajoelhou-se. Ao percebê-lo ajoelhado, Venâncio voltou a ficar de frente para ele, estranhando a atitude.

– Eu vim aqui lhe pedir perdão, senhor Lúcio de Castro, por todo mal que lhe fiz... Meu nome, que não se interessou em saber até agora, é Fábio Augusto Severiano.

Ao ouvir o nome, Lúcio de Castro pareceu ter um bloqueio de memória e demorou um pouco a entender, porém, à medida que a memória voltava, uma onda de rancor se acumulava em seu peito.

– Você? Como ousa vir até aqui? Logo você? Acredita mesmo que eu possa lhe perdoar?

Fábio Augusto não teve tempo de responder. O ruído da porta se abrindo chamou a atenção de ambos, que se voltaram para ver quem entrava. Mas o visitante era desconhecido.

– O que quer aqui? – perguntou Lúcio, ainda mais irritado.

– Será que não lembra mais nada de mim? – perguntou o jovem visitante a Lúcio. – Será que não ficou em sua memória nenhuma lembrança de mim, meu pai. Não sou mais uma criança, mas ainda tenho alguns traços...

Pai! Aquela palavra quase jogou Lúcio para trás. Secundado pelos abnegados trabalhadores do bem, as palavras de Lúcio de Castro Filho, o Lucinho dos tempos da matéria, dissecavam a alma de Lúcio, indo direto ao âmago da sua consciência em desalinho. Sentia-a em frangalhos cada vez que lembrava do filho e seu descaso para com ele. Como era possível que viesse até ele e ainda o chamasse de pai?

– Aqui vim, e neste momento, por que já é hora de voltar à realidade, meu pai. Vim aqui para pedir que não condene a este que lhe pede perdão, posto que eu, que teria motivos para recriminá-lo, não o faço.

As palavras do filho agiam como uma navalha na alma de Lúcio. Com enorme precisão atingia os pontos críticos do seu pensamento. Fábio Augusto estava aturdido, mas, mesmo não sabendo ao certo o que acontecia com ele, voltou a falar:

– Lúcio, estou aqui porque, tanto para você, quanto para mim, chegou a hora de buscarmos ajuda. Não sou nenhum bom samaritano, como disse há pouco, apenas sei que, para que eu possa sair do estado em que me encontro, preciso que você venha junto, pois é a principal vítima dos meus erros.

– Como espera que eu vá com você? – falou Lúcio, ainda envolto nas emoções do encontro com o filho, mas tentando manter sua atitude antiga de autopunição. – Pensa que não sei que foi você que me mandou aquela carta? A carta que destruiu minha vida? Na verdade, como espera que eu o perdoe, se por sua causa eu matei a pessoa que mais tentou me ajudar na vida, depois dos meus pais? Por sua causa, por causa daquela carta infame, eu matei o doutor Bezerra de Menezes.

– Não, você não sabe da verdade. Aquele tiro não atingiu o doutor Bezerra, que nem estava presente. Aquele tiro atingiu a mim, que, numa tentativa desesperada de corrigir uma vilania, uma torpeza, disfarçado me fiz passar pelo médico, que na época era um inimigo em comum. Você acertou aquele tiro em mim... Eu fui a vítima da minha própria trama. Era eu que estava nos fundos da sua casa aquele dia.

A emoção que dominou Lúcio, diante daquela revelação, embargou sua voz e fez com que também se ajoelhasse e cobrisse o rosto com as mãos. A mesma emoção dominou Fábio, que começava a sentir uma leveza estranha na alma e no ambiente. Foi com o coração aos saltos que começou a perceber os demais espíritos que estavam na pequena casa. A primeira pessoa que viu foi sua mãe, mas logo ao lado dela estava Ana Maria, e isso fez com que, de imediato, seus olhos se enchessem de lágrimas. Percebeu que Lucinho se dirigiu a ela e foi envolvido na mesma luminosidade dos outros. Queria mostrar aquilo para Lúcio, mas era fácil entender que ele ainda não conseguiria vê-los. No entanto, vindo de trás do grupo de espíritos que se aglomerava na pequena sala, um homem adiantou-se, envolto em ainda maior luminosidade. Seu coração quase parou. O homem ficou exatamente no meio dos dois, depois pousou suavemente as mãos espalmadas sobre suas cabeças e elevou aos céus uma prece.

– Oh! Virgem santíssima, que és mãe e nos ama, e a nenhum filho deixa ao desamparo. Rogo a ti para que seu amor possa resgatar estes dois irmãos da dor pela qual passam.

Neste momento, Fábio percebeu que Lúcio estremeceu e notou que havia alguém entre eles. Viu quando Lúcio levantou o rosto e descobriu que quem estava ali era o doutor Bezerra de Menezes, que, após este breve momento, necessário para a tomada de consciência de Lúcio, continuou sua prece:

– Na última vida na matéria, mesmo sem o querer, eu causei uma grande dor a estes amigos do tempo e, se hoje eles se encontram em dificuldades, foi porque eu não tive a sabedoria necessária para saber como agir. Hoje tento recuperar-me da minha falha e por isso rogo a ti, Virgem Santíssima, que nunca deixou de me ouvir, que nos ajude a todos, pois ainda somos fracos e falíveis.

Logo o ambiente encheu-se de uma miríade de cores fulgurantes. O exemplo de humildade que as palavras do antigo médico dos pobres carregava tocou profundamente a todos, mas principalmente àqueles dois corações. Que lição para Fábio, que em vida tudo fez para destruí-lo! Que lição para Lúcio, que em vida jamais o perdoou pelo que nunca havia feito! Como Lúcio poderia não perdoar Fábio, se aquele que nada devia ali se apresentava e também pedia perdão?

Como se deslizasse na luz, Ana Maria aproximou-se. A presença da antiga esposa logo impressionou Lúcio, que voltou a esconder o rosto com as mãos. Fábio, por sua vez, mesmo envolto em tantas vibrações elevadas, teve um breve sentimento de ciúme, mas logo percebeu o pensamento da mãe o envolvendo. Olhou para ela e a viu de olhos fechados, pedindo por ele, com as mãos espalmadas para o céu. Como poderia deixar de obedecer ao seu pedido mental para que aquietasse seu sentimento e aproveitasse o momento por completo?

Ana Maria, entendendo o que acontecia, pousou inicialmente a mão em seu ombro e pediu para que levantasse. Depois fez o mesmo com Lúcio. Com carinho, tirou as mãos deste do rosto, depois acariciou suavemente seus cabelos hirsutos. Lúcio chorava, e Fábio também. Por fim falou:

– Também estou aqui para lhes pedir perdão. Se tivesse agido com mais segurança na nossa última passagem pela matéria, muitas dores poderiam ser evitadas. Ainda temos muito o que aprender e cada um ainda é falho em algum ponto, mais do que o outro. Por isso não podemos nos condenar. Somente o perdão mútuo é que poderá nos amparar de verdade.

Lúcio fez menção de ajoelhar-se novamente, mas tanto Ana quanto o doutor Bezerra o seguraram pelo braço.

– Não, meu querido. Ajoelhar-se é uma atitude de humildade, mas não é ajoelhados que caminhamos, e caminhar, ir em frente, é o que mais precisamos neste momento. Ainda temos muitas coisas a reajustar e a volta à matéria é indispensável.

Depois que falou isso, estendeu a mão a Bezerra, que, por sua vez, estendeu a mão a dona Hemengarda, e esta trouxe para o grupo Frau Lilsa, que ainda não tinha sido notada, mas que veio de braços dados com o neto, Lucinho, e de Amadeu Klaus, sorridente. Ainda apareceram Sebastião, o fiel mordomo de Fábio na última encarnação, sorrindo para ele com bondade, como sempre o tratou, além de Belmira, a negra liberta por Lúcio. Ambos irradiavam alegria e uma elevação espiritual que arrancou ainda mais lágrimas dos dois socorridos no momento. Não ficaram mais impressionados quando Juca se apresentou luminoso aos seus olhos e, de imediato, fez sinal para Fábio, que quis levar as mãos ao rosto, tomado pela culpa, por lembrar do castigo que lhe impusera um dia. Bastou um sinal e um sorriso para saber que estava perdoado. Para espanto de Lúcio, que cada vez mais percebia a nova realidade à sua volta, quem por último se apresentou foi o casal Evódio e Emerilda de Castro, seus pais. A presença deles foi a gota d'água que rompeu definitivamente o dique de suas resistências. Nada mais tinha a fazer senão ceder ao perdão manifesto naquele ambiente. Perdão! Tão fácil de falar, tão difícil de sentir, e tão necessário conquistar.

Abraçados, foram envolvidos por uma luz única e dourada, que aos poucos os moveu para cima, até partirem, nas asas luminosas do amor, rumo à liberdade e ao progresso, destino inexorável de todos nós.

Florianópolis, Canasvieiras,
Segunda-feira, 9 de abril de 2012 – 03h38

O Autor

Mauro Cesar Bruginski Camargo é o terceiro e último filho da família. Nasceu em uma cidade pequena, e que até hoje é pequena, chamada Rebouças, no sul do Paraná.

Morava numa grande casa de madeira, daquelas com sítio, pomar e horta, campinho de futebol e piscina, e, quando saía pelas manhãs frias para ir à escola (muitas vezes com geadas cobrindo os gramados), sentia-se muito tentado a passar direto pelo portão de entrada e ir pescar no rio que passava bem rente ao muro dos fundos do Grupo Escolar Professor Júlio Cesar.

Seu pai, Afonso Vidal Camargo, hoje aposentado como comerciante, trabalhava no mato, com madeira e erva mate, e tinha um dos bares mais movimentados da cidade. Sua mãe, Ignez Bruginski Camargo, também aposentada, mas, como professora, na época era secretária do Grupo Escolar, o que dificultava aquela vontade de fugir para o rio e pescar.

Em 1974, Mauro mudou para uma cidade maior, Ponta Grossa, também no Paraná, com alguma angústia por estar deixando para trás uma infância cheia de regalias. Porém, estudar era preciso e, em 1984, formou-se em odontologia pela Fundação Universidade Estadual de Ponta Grossa. Neste mesmo ano mudou para o litoral de Santa Catarina, para outra pequena cidade, Penha, onde, rapidamente, se apaixonou pelo mar e teve certeza de que não conseguiria mais viver sem ele. O mar veio sanar a angústia pela natureza que ficou perdida no tempo, desde que saiu de Rebouças, com seus rios, matos e poesias sutis.

Em 1990, pós-graduou-se em endodontia, pela Universidade Federal de Santa Catarina, em Florianópolis. Em 1997, mudou para Balneário Camboriú, onde reside atualmente. Tem um filho de 24 anos, do seu primeiro casamento com Denise Arliane Amarante Camargo: Nieje Amarante Camargo, formado em design industrial.

Foi ainda em Ponta Grossa, lá pelos 16 anos, que conheceu melhor o espiritismo e também se apaixonou. Logo transformou essa paixão em amor profundo, que o levou a estudar tudo o que aparecia pela frente. Felizmente encontrou uma literatura riquíssima e transformou a teoria em prática com bastante facilidade e intensidade. Atualmente dirige um grupo de estudos e trabalho mediúnico, que já vem atuando, sem interrupções, desde o ano de 1986, e que tem por normas principais a disciplina e a ética, tão bem fundamentadas por Kardec.

Em 1997, publicou seu primeiro romance, *A ilha de Alor*, pela Editora Blocos, do Rio de Janeiro. Em 2000, publicou *Bala, perdida?*, pela Editora Hemisfério Sul, de Blumenau, um romance policial. No ano de 2003, publicou *Ana cabeluda do pano na cabeca*, pela Editora Momento Atual, de Florianópolis, um romance infanto-juvenil. A partir de 2008, passou a publicar definitivamente pela Editora Lachâtre. Primeiramente, *Paris, setembro, de 1793*. Em 2011, lançou *O magneto*. Em 2012, com algumas alterações, relançou *A ilha de Alor*, agora simplesmente *Alor*. Tem inúmeros contos e poesias premiados em concursos nacionais, assim como publicados em diversos sites de literatura, inclusive fora do Brasil, como em Portugal e Cabo Verde. Alguns deles podem ser lidos no seu blog: http://www.sombrapensante.blogspot.com

Trabalha como dentista durante o dia, escreve pelas madrugadas, gosta de cozinhar nos finais de semana, aprender sobre vinhos e fazer móveis como passatempo, quando está estressado. É casado com Grasiela Antunes Paiano, também dentista, doutora em cirurgia e que mora em Florianópolis, distante cerca de 70 km de Balneário Camboriú, e que é sua grande companheira de trabalho, de cozinha, de estradas, de mar, de poesias sutis, de alegrias e tristezas, bem como a primeira leitora das coisas que sai por aí escrevendo.

Conheça outras obras de Mauro Camargo

O Magneto

Uma descoberta inesperada no porão de uma residência rural do interior da França é o ponto de partida para um romance eletrizante.

Benoît Mure, Hahnemann e Fourier, espíritos que Kardec chamou de "precursores do espiritismo", são os personagens desta obra, surpreendente pela precisão histórica, pela qualidade do texto e pela trama instigante que não nos permite largar o livro antes do final.

Em *O Magneto*, você terá oportunidade de conhecer um dos mais insólitos empreendimentos, que uniu para a sua realização o Brasil e a França, envolvendo o socialismo, a homeopatia e o magnetismo animal.

Paris
setembro de 1793

MAURO CAMARGO

Michel de Laroche, escritor francês de *best-sellers*, mergulha nas cenas de seu romance narrado em meio ao Terror da Revolução Francesa. Produtos de sua mente, os personagens viveram os meses terríveis durante os quais Robespierre estava no poder e mandava milhares de pessoas para a guilhotina.

A ficção ganha estranhos ares de realidade quando os personagens passam a interferir em sua vida. Michel parece ultrapassar a fronteira da loucura. Ou seriam fantasmas retornando do passado para narrar suas versões da história?

Mauro Camargo foge do lugar-comum e resgata fatos da Revolução Francesa que narram os antecedentes do surgimento do espiritismo.

Alor

MAURO CAMARGO

Vista ao longe, a ilha do Padre não apresentava os mesmos atrativos daquela região tão privilegiada pela natureza. As dificuldades naturais de atracação tornavam-na pouco interessante até para os espíritos mais aventureiros. Mas, para aqueles que penetravam seus segredos, era a prova definitiva da suprema solidariedade que deve reger todos os seres do universo.

Esta edição foi impressa em setembro de 2012 pela Assahi Gráfica e Editora, de São Bernardo do Campo, para o Instituto Lachâtre, sendo tiradas cinco mil cópias, todas em formato fechado 140x210mm e com mancha de 110x180mm. Os papéis utilizados foram o Off-set 75g/m^2 para o miolo e o Cartão Supremo 300g/m^2 para a capa. O texto principal foi composto em Times 11/13,2, os títulos foram compostos em Meridien LT Std 30/36, as citações e as notas de rodapé, em Times 9/10,8. A pintura da capa é de Augusto Rodrigues Duarte (1848-1888). A programação visual da capa é de Andrei Polessi.